コモディティ戦争

ニクソン・ショックから40年

阿部直哉 Abe Naoya

藤原書店

コモディティ戦争　目次

用語集　9

はじめに　11

ニクソン・ショックと「市況商品」／金融市場に組み込まれたコモディティ市場／先物の嚆矢は江戸時代の大坂・堂島／「先物思考」の必要性

第I部　コモディティが「武器」に変貌した一九七〇年代　27

第一章　投機化が著しい現在のコモディティ市場……………　29

「金融先物の父」リオ・メラメド／CME躍進――イノベーションの推進／金融資本主義に綻び／シカゴ大豆から見た投機市場／世界に偏在する大豆／一九七三年の大豆相場――日本人も注目／商品市場の大きな変質とは／国際商品相場が暴騰を演じた二〇〇八年／政治体制をも揺るがす穀物相場

第二章　穀物から始まった米国先物市場……………　53

先物王国シカゴ――伝統のCBOTと革新のCME／投機の街――シカゴ／日本人とシカゴとの遭遇／先物取引が認知される街／先物啓蒙教育／商品取

引所は千変万化の世界／米国商品取引の元祖、ＣＢＯＴの誕生／米国で商品取引所の設立ラッシュ／ＣＭＥは金融先物取引で大躍進／通貨先物上場が実現／統一先物市場への夢――「グローベックス」が稼働

第三章　米ソ「穀物」戦争の勃発……80

穀物が「武器」に変貌した一九七〇年代／ソ連による「穀物奪取」事件が発覚／穀物メジャーの存在が明るみに／大統領からダイレクト・コール／穀物禁輸を疑問視する声も／ソ連の登場でシカゴ穀物取引が一変

第四章　金《ゴールド》――世界に衝撃を与えたニクソン・ショック……94

「金は通貨でなく、単なるコモディティだ」／固定相場制から変動相場制へ／自由金市場ロンドン／金価格の指標性がロンドンからニューヨークへ／金本位制復帰の動き

第五章　ＯＰＥＣから原油価格の決定権を奪取した米国……110

石油メジャーからＯＰＥＣ支配の時代へ／ＯＰＥＣ結成へ／史上最も大きな富の移転になったＯＰＥＣ革命／ニューヨーク原油先物市場が誕生／世界の指標価格になったＷＴＩ原油／政府系セブン・シスターズの登場

第II部　コモディティが映し出す日本の近現代史　125

第六章　日本の近代史は米相場にあり…………　127
七二年ぶりにコメ上場が復活／商品流通に繋がった参勤交代／大坂・堂島が先物取引の嚆矢／大岡越前が認可した帳合米取引／とばく化する米取引／米穀取引所の設立／相場で大やけどの高橋是清／米取引の近代化が加速した大正期／「米騒動」発生／大手商社「鈴木商店」の破綻／米騒動で寺内内閣が総辞職、原内閣が誕生へ／堂島の米価伝達はインターネットの先駆け

第七章　金・銀・銅——鉱山開発がもたらしたもの　…………　150
鉱物資源大国だった日本——佐渡金山の盛衰／田中清六と佐渡金山開発／都市貧民対策としての「人返し令」／幕府崩壊に繋がった金銀の国外流出／銅が人間を食った怪事——足尾鉱毒事件／北海道への移民斡旋／日本でプラチナ（白金）ラッシュがあった！／白金溶解の先駆者——村松万三郎

第八章　『女工哀史』と製糸産業…………　170
日本のシルクロードが誕生／一一五年の歴史に幕を閉じた生糸取引／生糸で

繁栄した港都――横浜／生糸貿易で豪商を輩出／富岡製糸場の建設／鉄道・郵便の発達が生糸産業拡大に寄与／秩父事件――農民たちの武装蜂起／『女工哀史』／大阪―済州島を結んだ「君が代丸」／「絹と軍艦」

第III部　コモディティにますます翻弄される時代　193

第九章　激化する「コモディティ」争奪戦……………195

「コモディティ」争奪を巡り危機感が台頭／米中間の摩擦の行方／中国の投資姿勢に反感強まる／日本の処すべき方策／米穀統制法が発令／日本人の胆力が試されるとき／危機意識が高まった中国漁船衝突事件／食糧「自給率」より「自給力」を／水問題は食糧・資源問題／金融情報は「速報」が最重要

終章　市場の変質を見抜く眼力……………217

一九七〇年代に酷似する現代のコモディティ市場／市場の変質／投機マネーの流入／政府系ファンドの市場参入／ブラック・マンデーで脚光のコモディティファンド／九〇年代に失速したコモディティファンド／取引所の再編劇が激化／CMEとCBOTが合併へ／先物市場でも無視できない中国の存在

／大きく縮小する日本商品市場／禅語としての投機／ヘッジファンドは悪の権化なのか／監視強化に乗り出すオバマ政権／投機マネー阻止に良薬なし／先進国と新興国が同じ土俵で議論を／「先物」という知的兵器で理論武装を

あとがき　253
参考・引用文献一覧　257
〈附〉コモディティ関係略年表（1969-2011）　267

コモディティ戦争

ニクソン・ショックから四十年

用語集

コモディティ　農畜産物、貴金属、非鉄、原油などの有体物に加え、サービスや排出権などの非物品を指し、これらについて現在または将来において受け渡しが行われるもの。

フューチャーズ（先物）　取引量や最低品質を標準化した商品を将来において売る、または買うことで合意すること。差金決済が行える。政府が認可した市場で、取引所が制定したルールのもとで行われる。

アクチャルズ（現物）　現物商品を指し、先物契約における商品とは区別される。現物市場は、現物商品の売買において売り手、買い手の条件が合意すれば、商いが成立をする市場を指す。

フォワード取引（現物先渡し契約、延べ取引）　現物市場で売り手と買い手が合意した条件に基づいて、将来において商品の売買を行う取引。あらかじめ現物の受け渡し時期を決めておく一種の予約売買契約である。個人から機関投資家まであらゆる人たちが参加可能な先物取引とは異なり、先渡し取引は相対で行われ、差金決済はなされない。政府指定の市場で取引されず、対価や罰金などを条件にして相手方の合意だけで契約を破棄することが可能である。

受け渡し　決済期日を迎えて、取引所が公認する受け渡し場所に現物の商品を供給して先物売りのままになっている状態を完結させること。受け渡し場所とは、商品取引所が指定した場所、倉庫などの施設を指す。その場所で取引所が定めた手順に従って商品在庫の受け渡しが契約通りに履行することができる。

差金決済　決済期日に現物の受け渡しをせずに、反対売買の結果で発生した損失または利益に応じた金額（差金）のみを授受する決済方法。

スポット（直物《じきもの》）　即時、または近いうちに現物の受け渡しが可能であること。当限《とうぎり》の先物を指すこともあるが、その場合、現物受け渡しが可能なものに限られる。

当限《とうぎり》　先物取引で受け渡し月となった限月を指す。スポット・マンスと呼ぶこともある。

期近物《きぢかもの》　当限月ともいう。満期に最も近い先物契約を指す。先物市場では期近物の取引が最も活況を呈するのが一般的である。

期先物　先物市場で取引されている限月のうち、最も遠い将来に受け渡しが行われる限月。先限《さきぎり》とも呼ばれる。

建玉《たてぎょく》（ポジション）　取引された売買約定のうち決済未了のもの。売り約定のものを売り建玉、買い約定のものを買い建玉という。

手仕舞い　先物取引において、現在保有する建玉に対し、同じ枚数の反対売買（売っていた場合は買い戻し、買っていた場合は転売する）を行い、それを相殺すること。

クリアリングハウス　商品取引所と提携する清算機構。ここを通じてすべての先物の売買、ないしは契約が実施され、差金決済（現物の受け渡しをせずに、反対売買によって差金の授受を行う決済）が行われる。清算機構は取引所の一部門でなく、完全に独立した組織となっている。

ヘッジ　保険繋ぎの意味で、現物の売買を一時的に代用する手段として、先物市場で建玉すること。将来に現物の売りを予定している場合、価格下落によるリスクを回避するため、先物を売り建てる。逆に、将来に現物を買う場合、価格上昇によるリスクからの回避手段として先物を買い建てる。ヘッジ取引は繋ぎ売買と呼ばれる。

証拠金　先物取引で売り手、買い手の双方が契約の履行を保証するために預託する金額を指す。証拠金は買い入れの支払いや頭金という意味でなく、契約保証ないしは保証金に相当する。市場動向により証拠金が不足した場合は、追加証拠金（追い証、または追敷《おいじ》きなどと呼ばれる）が請求される。

値幅制限　取引所のルールによって、その日の取引時間帯で最大の値上がり幅、もしくは値下がり幅を指す。制限値幅いっぱいの上げ（下げ）を付けた場合、ストップ高（安）という表現がされる。

取組高　反対売買によって相殺されていない、もしくは現物の受け渡しによって清算されていない、ある商品の先物契約の総枚数。未決済約定総数とも呼ばれる。

出来高　一定期間、通常は一日の取引時間内で売り買いされた先物契約の総数を指す。出来高の多寡により、商いの活況の度合いが分かる。

売買委託手数料　先物取引を行う場合、売りと買い注文についてブローカーが得る手数料のこと。

当業者　穀物など現物の商品を販売もしくは加工する会社を指す。現物取り扱い業者の総称で、コマーシャル筋や当業筋などとも呼ばれることもある。

はじめに

一九九〇年代、筆者が『フューチャーズ・トリビューン』紙記者として米国シカゴに駐在していたときのエピソードです。取材の合間に「歴代大統領で尊敬する人物は誰か」と当地で多くのトレーダーたちに聞いてみたことがありました。建国の父ジョージ・ワシントン、エイブラハム・リンカーン、フランクリン・ルーズベルト、ジョン・F・ケネディといった歴史上の人物を挙げるだろうと思っていたところ、筆者の予想に反して、大半が「リチャード・ニクソン」と答えたのです。

ウォーターゲート事件に関連して、米国政治史上、任期途中で辞任した唯一の大統領とレッテルを貼られたニクソンがなぜ尊敬されるのか――彼らにその理由を聞くと、固定相場制から変動相場制へと国際通貨体制を移行させる道筋を付け「通貨や金利、指数などの金融先物商品を世に送り出すきっかけをつくったから」との回答がほとんどでした。なかには「キャピタリズム（資本主義）の権化とされる取引所を維持、発展させることに繋がったニクソンの政策は、覇権争いでソ連を打ち負かし、アメリカを救った」という声まで出たほどです。

ニクソンは回顧録『ニクソン　わが生涯の戦い』で「私の最も重要な対外政策上の決定は中国との国交回復だった」と振り返っていますが、投機の街シカゴに住むトレーダーたちにとっては、デタント（緊張緩和）政策の推進、中華人民共和国との国交樹立といった外交面の成果よりも「ニクソン・ショック（ドルと金との交換停止）」のほうが功績大とする見方が多く、とても印象的だったことを覚えています。筆者が、ニクソン政権時代の米国に興味を抱くようになったそもそもの発端でした――

ニクソン・ショックと「市況商品」

歴史を振り返ると、二十世紀はアメリカ合衆国の世紀でした。米国は強大な軍事力や経済力を背景に世界のヘゲモニー（覇権）を掌握します。とりわけ、一九五〇年代の米国は、著名なジャーナリスト、デイヴィッド・ハルバースタムが「今世紀の米国にとり最も華やかな時代だった」（『ザ・フィフティーズ』）と表現したように、繁栄・栄光という名の美酒に酔いしれたのでした。その米国で経済力が第二次世界大戦後の最盛期を迎えたのは一九六〇年代半ばです。工業生産高が世界全体の三分の一以上を占めるほどになります。と同時に、この頃を境にその影響力に翳りが見え始めます。泥沼化したベトナム戦争などで出費が嵩み、自国通貨ドルの不安定化が顕著になっていったのです。

この難局を切り抜けるため、ホワイトハウスは大胆な行動に出ました。一九七一年八月十五日、大統領のリチャード・ニクソンは「ドルと金《ゴールド》との交換停止」を一方的に宣言。その衝撃は瞬く間に世界中に伝播しました。いわゆるニクソン・ショックです。世界経済を支配し、外貨を十分に溜め込んだ米国は、ドルと金とのリンクを外しました。その豊富な資金を利用してドルを基軸通貨とし、国際政治における地位を確固たるものにしたのです。ニクソンは生前、米国が生き残る方策について次のように語っています。「勝利を獲得するためには、力――軍事力だけでなく、われわれの裁量下にあるあらゆる力を含む――をいつ、どこで、どのように行使するかを心得ておく必要がある」と。

一九七三年に固定相場制から変動相場制に移行した通貨体制は、金融の革新（イノベーション）に繋がる土壌づくりの役割を果たしました。つまり、世界経済の市場化を促す契機になったのが、ニクソン・ショックだったのです。その後の局面で威力を発揮した一つに「フューチャーズ（先物）」というツールが挙げられます。「フューチャーズ」の概念を定義付けすると、ある特定の商品を、将来の一定の期日に、今の時点で取り決めた価格で売買することを約束するというものです。先物市場にはリスク回避とリスク負担という、一見すると相反する性質が内包されています。取引自体の目的は「リスクの移転」になります。

フューチャーズ・トレーディング（先物取引）について、もう少し説明しましょう。先物取引は、将来の一定時期に商品とその対価を受け渡し（デリバリー）によって決済することを前提に、受け渡しまでの間に、反対売買（売っていた場合は買い戻し、逆に買っていた場合は転売します）を行い、当初の契約価格と反対売買による仕切り価格との差額を支払うか、もしくは現物を引き受けるという決済方法を指します。現物取引との違いは、先物取引では反対売買による差金決済が自由に行えるという点にあります。先物市場においては、新規売買契約のほとんどが反対売買で決済され、現物受け渡しによる決済はごく少数しか見られないのが特徴です。

米国は先物の機能を活用して、ドルの信認を背景に原油や穀物などコモディティを「武器」にして世界市場での価格決定権の奪取に乗り出しました。コモディティとは、世界の商品取引所で売買されている上場銘柄を指します。農畜産物では、大豆、小麦、トウモロコシ、コーヒー、ココア、菜種、生牛（ライブ・キャトル）、生豚（ライブ・ホッグ）、粗糖など。貴金属・非鉄金属では、金、銀、白金（プラチナ）、銅、アルミニウム、亜鉛など。原油および石油製品では、暖房油（ヒーティング・オイル）、ガソリン、天然ガスなどです。このうち、本書では代表的なコモディティとされる穀物、金《ゴールド》、原油を中心に扱っています。その他、コモディティ取引には財務省証券Tボンド、外国通貨英ポンド、日本円、インデックス（指数）としてスタンダード＆プアーズ（S＆P）五〇〇株価指数など金融商品も含まれます。家電業界などにおける特定の製品で、メーカーごとに特徴がなくなることを意味するコモディティ（汎用品）化とは性質が異なります。

一九七〇年代、時代は米ソ冷戦の真っ只中にありました。統制経済が自由市場の発展の阻害要因になると考えていたニクソンは、米国以上に原油や戦略的鉱物資源を輸入に依存している、日本や西ヨーロッパなど西側同盟国との結束を強化しなければならないとの固い信念を持っていました。資源確保という観点からの軍事力や経済力について、ニクソンは「西側全体の同盟関係の力と統一がソ連の挑戦に応えるのに不可欠である。同盟国が弱くなれば、われわれも弱くならざるを得ない」という認識のもと、対外戦略を練り直したのです。

確かに二十世紀には、こうした政策が奏功して米国がその覇権を維持し得たことは間違いないでしょう。ところが、今世紀に入り、米国が推し進めてきた政策、とりわけ、金融資本主義に綻びが見え始めているのも事実です。本書のテーマになるコモディティ市場に関連して、本来であれば、価格の平準化、迅速かつ確実な大量取引の提供、公正な先行価格指標、ヘッジ（保険繋ぎ）などの機能を有する先物市場が、ヘッジファンドなどの投機筋の市場参入により歪な価格形成に繋がっているという現象も際立っています。

では、先物市場におけるヘッジとは何を指すのでしょうか。価格変動に晒される穀物や原油など市況商品において、生産者や大口需要家は、農産物の作付けと収穫、原材料の調達、商品の仕入れと販売に至るまでの時間が長くなるほど、価格変動によるリスクを被る機会が増加します。現物市場における売買の反対売買を先物市場で手当てすることで、こうしたリスクを回避することに繋がります。例えば、現物市場で売り契約が成立した場合、直ちに先物市場で買い建てするか、または売り建てを仕切ることになります。このときに既にある建玉（未決済の売買約定）を仕切った場合、先物取引のルールで差金決済を行うことになります。先物市場での差金決済は、現物取引の損益と正反対になり、現物取引のリスクを軽減することになります。

先物市場では、市場環境により投機マネーが流出入を繰り返します。現在はあたかもコモディティ市場を標的にしたかのような大規模な投機マネーの流入で、市場自体が変質を遂げていると言えます。この背景には、中国をはじめとする新興国を中心とした旺盛な需要があることは言うまでもありません。この需要がコモディティ相場の下支え要因になっていることも間違いないでしょう。ただ、投機マネーの流入は価格暴騰を招き、経済を混乱に陥れていることも忘れてはなりません。

一方、一九七〇年代は国際政治や経済における米国の政策転換期になったという意味で、二十一世紀に突入した現在と類似点が多いとの指摘も目立ちます。ソビエト社会主義共和国連邦（ソ連）の崩壊で東西冷戦構造が終焉した現在、南北間格差を是正するのに先物のツールが一役を担うと期待されましたが、投機マネーの流入で価格高騰を招き、市場構造が複雑かつ歪になり、却って南北間の格差が広がってしまっているのも事実です。G2時代、つまり、米国と中国が中心となり熾烈な資源獲得競争を繰り広げていることも見逃せません。資源競争の行き着くところ、最悪のケースでは武力闘争にまで発展する可能性が高いとの見方を示す専門家も決して少なくないのです。

金融市場に組み込まれたコモディティ市場

米著名投資家のジョージ・ソロスと共同で国際投資会社クォンタム・ファンドを設立した、冒険家で大投資家のジム・ロジャーズは、一〇年間でなんと四〇〇〇%を超える驚異的なリターンを実現したといいます。ロジャーズはその著『商品の時代』で、コモディティの位置付けをこう記しています。「株式と債券、商品《コモディティ》が同じ家族だとしたら、商品は兄弟の落ちこぼれ、厄介者だろう――

たぶん、大豆で身包み剥がされた義理の兄あたりだ」と。なかなかユニークな表現ですが、彼は「商品はしかるべき敬意を払われておらず、私にはそれが不思議でたまらない」と続けています。金融・コモディティ投資などで巨万の富を築いたロジャーズならではの見解かも知れませんが、だからと言って、誰もがコモディティ取引で巨利を得られるとは限りません。それどころか、多くの人たちがそれこそ「身包み剥がされる」事態に陥り兼ねません。極めて投機的な取引が商品先物取引なのです。

では、なぜ本書で市況商品としての「コモディティ」と「フューチャーズ（先物）」というテーマを取り上げることにしたのか――エネルギーや鉱物、食糧、水産資源の獲得を巡り、各国が凌ぎを削るなか、世界は今、原油や穀物、貴金属、コーヒー、砂糖、非鉄、レアメタル（希少金属）、レアアース（希土類）、水産資源など、ありとあらゆるコモディティに翻弄される時代を迎えています。限られたモノ（資源）を獲得しようと争奪が激化している側面もありますが、市場の変質で価格上昇のスピードが桁外れに加速している点のほうが深刻な状況をつくり出しています。これまで投資の中心になってきた株式や債券、為替などの金融市場の一部にコモディティ市場も組み込まれる時代になりました。コモディティ市場が投機家にとり、格好の運用先として注目されてきたというわけです。

金融市場での投機資金がコモディティ市場に本格的に流れ込むようになったのは、一九九〇年代半ば頃とされています。それは、手堅い運用で知られてきた年金基金などがコモディティ市場での運用を始めた頃と一致します。金融市場とのかかわりがより一層強くなったことで、コモディティ市場のメカニズムを理解することが重要になり、金融派生商品（デリバティブ）取引などボーダレスに繰り広げられる世界経済の動きやその背景をより深く分析する術も無視することができなくなりました。デリバティブとは、株式や債券など従来の金融商品から派生した商品で、一九七〇年代に開発され、九〇年代には全世界での取引高が四〇兆ドルを超える規模に拡大し、二十一世紀に入った現在も成長を続けています。二〇一一年六月末現在で、世界のデリバティブ取引残高は約七九〇兆ドルまで膨らんでいます。ただ、取引の中心は店頭（OTC）取引で、取引所取引は一割にすぎません。

デリバティブ市場を語る場合、OTC取引のデリバティブと取引所取引のデリバティブを分けて考えなければなりません。OTC市場は日々の値洗いや証拠金の預託、値幅制限や建玉制限などリスクを管理するシステムを有していません。取引所取引では清算機構が預託義務を果していますが、OTC取引にはありません。また、先物取引所は米国商品先物取引委員会（CFTC）の規制下にありますが、OTC市場は連邦当局の規制を受けないなど、大きな違いがあります。

デリバティブ市場の拡大にともない、価格変動リスクもグローバル化しています。それをどう回避するのか、これも重要な課題です。そのためには、人間社会とのかかわりでコモディティが政治や経済にどのような影響を与えてきたのかを、時代を遡って俯瞰してみることも必要になります。現在の世界状況が一九七〇年代に酷似しているとの指摘があるなか、とりわけ、七〇年代から八〇年代における米国の政策を振り返ることで何かヒントを得られるのではないでしょうか。

先物の嚆矢は江戸時代の大坂・堂島

先物取引の意義については、前述したように、公正な価格形成の場の提供、ヘッジ（保険繋ぎ）機能、資産運用機能などが挙げられます。『先物経済がわかれば本当の経済が見える』の著者、落合莞爾は「先物市場は多種多数の参加者による自由で合理的な市場行動の結果、工業社会を支え、資本や物資を適正配分する機能を果たしています。また各経済主体のリスクを軽減する役割を果たしているわけですから、自由経済に必須の装置でなくて何でしょうか」と、その意義を強調しています。

先物王国と呼ばれるシカゴで、コモディティの先物取引が始まったのは一八六五年でした。一四五年に及ぶ伝統があり、現在に至っています。しかし、実はシカゴでの「先物」発祥に遡ること一三〇年以上前、江戸時代の日本で既に先物取引が行われていました。一般的にはあまり聞き慣れないかも知れませんが、大坂・堂島での帳合米《ちょうあいまい》取引がそれに相当します。先物取引の嚆矢は日本だったのです。先物取引の一種は古代ローマ時代からあったようで、取引所についても一五三一年にベルギーのアントワープに開設されたのが世界初とされています。しかし、制度的に整った仕組みを取り入れたのは大坂・堂島での米《コメ》取引が世界で初めてだったのです。

残念ながら、日本はその優れた市場メカニズムを継承、発展させることができませんでした。国内のローカルな市場から世界規模の市場へと脱皮することはできなかったのです。明治から大正、昭和へと時代が移り戦時色が濃くなるなか、統制経済に移行したため、自由市場での価格メカニズムが崩壊します。戦後の焼け跡から驚異的な経済復興を成し遂げた日本でしたが、その中心は官僚主導によるもので、資本主義の最先端ツールとされる「先物」市場を大きく育成することに繋がりませんでした。「統制社会では、資金や資源の配分機能は官僚が果たすわけですから、先物市場などもともと無用なのです。むしろ先物市場は、官僚にとって天敵といえるでしょう」（『先物経済がわかれば本当の経済が見える』）。官僚主導の経済運営が、日本で先物市場を育成できなかった大きな原因の一つにされています。

再びジム・ロジャーズの言葉を引用します。「銅や鉛、その他の金属の価格がなぜ上がっているのかが分かれば、あとほんの小さな一歩で、カナダやオーストラリア、チリ、ペルーといった金属資源の豊富な国の経済が好調なのはなぜか、金属を産出する国に投資している企業の株式を調べてみる価値があるのはなぜか、が理解できるようになる」（『商品の時代』）。彼はこのような事柄に注意を払うことで、より優れた投資家になれると主張していますが、本書は投資自体を奨励することを目的にしていません。原油や穀物など一つのコモディティから派生する経済全体への関連性、連続性に焦点をあてるとともに、米国を中心とした金融資本主義の在り方、中国など新興国の資源獲得の現代的な意味について言及しようと試みています。儲け話の指南書を期待する読者の方々を失望させることでしょう。

「先物思考」の必要性

本書ではまず、コモディティ新時代を迎えた現状の分析をした上で、米国におけるコモディティ市場の発展過程を紹介します。国際政治の舞台で戦略物資としての「コモディティ」が市況商品として活用されるようになった一九七〇年代から八〇年代の米国を中心に、穀物、金《ゴールド》、原油の動きを追いながら、筆者のシカゴ駐在体験をベースにコモディティ市場の変遷を望見していきます。

ニクソン・ショックの一九七一年は、新たな投機時代に突入した元年であるとともに、金や原油の「先物」登場でコモディティ市場の構造が大きく崩れ始めた契機にもなりました。例えば、原油相場が高騰すると、テレビのニュース番組では決まってニューヨーク先物市場の売買の様子を映し出して、その活況ぶりを伝えています。シカゴ市場の穀物相場、ロンドン市場の非鉄相場も同様です。なぜ、現物価格でなく、先物価格なのでしょうか。現物取引は特定の業者間で取引が行われ、取引に参加した業者や付けられた価格について公開されることはほとんどありません。一方、先物取引は公設の定期市場で行われ、広範囲にわたる不特定多数の市場参加者により価格形成されています。そのため、繰り返すように、公正な価格指標になるとともに、現物取引を扱う業者にとっては価格変動に対するヘッジ（保険繋ぎ）の場にもなり、産業インフラとして重要な役割を担っているとされるのです。さらに、ニューヨークやシカゴで付ける先物価格が世界指標になっている理由はなぜなのか、そして、米国がどのようにして価格決定権を奪取したのかについて、第Ⅰ部で触れてみました。

二〇一一年八月、米格付け会社のスタンダード・アンド・プアーズ（S&P）が、米国債の格付けをトリプルAからダブルAプラスに一段階引き下げたと発表しました。これは、米国が史上初めて最上位の格付けを失った瞬間でもありました。膨大な赤字を抱える米国政府の財政再建に対する取り組みが不十分であると判断されたのが根拠になっていますが、それと同時に、基軸通貨米ドルの信認に大きな傷を残すことにもなりました。その根源が「ニクソン・ショックの一九七一年にある」との指摘が出るなか、七〇年代の見直し機運も高まっています。

米ドルが基軸通貨の地位を失った場合について、二〇一一年五月、世界銀行が興味深いレポートを発表しています。今後の世界経済で主要な原動力になるのが、中国、ロシア、ブラジル、インド、インドネシア、韓国の六カ国で、二〇二五年には決済通貨がドル依存を脱却し、ドル・ユーロ・人民元の三大通貨体制に移行するというものです。私たち日本人には残念なことですが、このレポートでは、国家としての日本や、通貨としての円は重要視されていません。ドル支配の時代が終焉するとともに、日本経済の行き先も羅針盤や海図を失った航海のように、世界市場という海原を彷徨《ほうこう》してしまうかも知れません。沈没という最悪のシナリオも描いた上で、今後の対応策を練らなければなりません。

本書の第Ⅱ部では、コモディティにまつわる日本の歴史について紹介しています。先物取引の嚆矢として栄えた大坂・堂島での米《コメ》取引のほか、江戸時代までは鉱物資源大国であった日本の金銀銅山開発の変遷はどうだったのか。外国貨幣と日本貨幣の交換レートの不利な条件の下、国内の豊富な金や銀の海外流出を防ぐことができず、財政悪化を招いた江戸幕府は崩壊の一途を辿る運命にありました。他方、港都横浜が繁栄するきっかけは生糸取引にありました。生糸は原油や屑鉄などの戦略物資調達の貴重な財源になります。日本の近代史で産業の象徴とされた米《コメ》と先物とのかかわり、また、鉱山開発における金や銅、幕末から明治、大正と日本の輸出品の中心になった生糸・綿糸産業、さらに、屑鉄・原油など物資調達でその合理的な算定と配分を見誤った日本が太平洋戦争に突入した愚挙という「光」と「影」の部分を中心に、日本の近代史に「コモディティ＝戦略物資」の切り口から迫ってみました。壊滅的な被害を受けた軍国日本は、何の戦略を立てられずに資源獲得を巡るコモディティ戦争に巻き込まれていったとも言えます。

日本におけるコモディティの歴史に触れることは、ニクソン・ショック後のコモディティ市場、投機マネーの変遷といったテーマから少し外れるかも知れません。しかし、「戦略物資」としてのコモディティや、先物というツールを国益に繋げることのできなかった日本の歴史を振り返ることは、「市況商品」の時代に生きる私たちにも無意味でないと判断しました。将来を見据える上で、歴史を検証することは重要なことです。歴史には数多くの教訓が含まれているからです。

一方、現物取引に目を転じると、資源獲得競争で中国やインドなど新興国の世界市場における存在感が増加しています。こうした状況を前に筆者が連想するのが、以下の三冊です。

『日本アパッチ族』（小松左京著）

『夜を賭けて』（梁石日《ヤンソギル》著）
『日本三文オペラ』（開高健著）

これらの小説は、筋書きは無論異なりますが、いずれも「アパッチ族」を題材にしたところが共通点です。アパッチ族とは何か。『日本アパッチ族』著者の小松左京は、次のように解説しています。

戦前の大阪東区には「陸軍砲兵工廠があり、それが戦時中くりかえし爆撃を受け、ついに見わたすかぎり巨大なコンクリートと鉄骨の、瓦礫の山と化した。（中略）やがて終戦とともに高さ三メートルもある雑草がおいしげって、飢えた野犬が徘徊し、一度ふみいれたら、生きてかえれないとさえいわれる魔所と化した――だが、この巨大な、牙をむく廃墟へ向かって敢然といどんだ、おそるべきエネルギーにみちた人々がいた。これこそ、あの有名な屑鉄泥棒――通称『アパッチ族』だったのである」と。この物語は、サイエンス・フィクション（SF）仕立てで展開します。アパッチ族は屑鉄泥棒から鉄を食う怪物（食鉄人種）に変貌し、やがて大阪から日本全国に進出、日本国内の鉄で出来ているものを食べ尽くし、最後は日本の政治や生産機構までも、揺さぶるほどの勢力になる、というストーリーです。当然のことながら架空の話ですが、二十一世紀に入り、鉱物・エネルギー・食糧といった資源分野で、各国の熾烈な獲得競争が展開されるなか、アパッチ族を爆食国家の中国やインドに置き換えても違和感がないと考えるのは筆者だけでしょうか。本書の第Ⅲ部では、これからますます熾烈さを増すと予想されるコモディティ争奪戦の現状、展望などについて取り上げてみました。

筆者は、若い世代の読者へのメッセージとして本書を執筆したつもりです。日本は世界の潮流にどう向き合っていくのか――投機マネーの流入で大きな変動に晒される現代の国際商品市場ですが、その根源はどこにあったのか、それがどのような変遷を辿って来たのか。こうした市場のなかで、私たちが目先の動きだけにとらわれるのではなく、将来の動きを予測することでリスク軽減させる「先物」というツールを通して、その必要性を考える一助になれば幸甚です。また、投機マネーによって歪な価格形成になっている商品市場のあるべき姿とは、そして、コモディティに翻弄される時代に私たちはどう立ち向かうべきか――その糸口を探ってみました。

なお、引用した文章で字句を必要に応じて変更させていただいたことをお断りしておきます。日付は現地時間を採用しています。また、敬称は略とさせていただきましたので、ご了承下さい。

第I部

コモディティが「武器」に変貌した一九七〇年代

第一章　投機化が著しい現在のコモディティ市場

「金融先物の父」リオ・メラメド

一九九一年十二月十日、米国大統領のジョージ・ブッシュ（シニア）が遊説でシカゴを訪問しました。その際、シカゴ・ボード・オブ・トレード（CBOT）とシカゴ・マーカンタイル・エクスチェンジ（CME）の二大商品取引所を訪れた大統領は、ある一人の人物を絶賛します。その人の名前は、CME名誉会長のリオ・メラメドです。大統領は彼のこれまでの栄誉を称え「先物業界のベーブ・ルース」、「金融先物の父」と持ち上げました。大統領の演説は、シカゴが米国金融・コモディティ市場の中心であるとともに、金融資本主義が今や世界に誇る米国のシンボルと言わんばかりに自信に充ち溢れたものでした——

CMEを訪問したジョージ・ブッシュ大統領
（1991年12月10日／提供MK News Inc.）

実際、シカゴは投機の街として知られています。ブッシュ演説から数年後の九〇年代半ば、出来高（ボリューム）でCMEはCBOTを追い越しました。その際、「出来高で世界一のCME」に対し、「トレーディング・フロアの面積で世界一のCBOT」といった幟がシカゴのウォール・ストリートにあたるラサール街に掲げられ、ライバル意識剥き出しの熾烈な競争が繰り広げられていました。かつて好敵手として市場活性化に向けて切磋琢磨したCBOTとCMEは二〇〇七年に合併、翌年にはエネルギー・貴金属などを扱うニューヨーク・マーカンタイル・エクスチェンジ（NYMEX）を統合し、現在は「CMEグループ」を形成、世界最大級の金融派生商品（デリバティブ）取引所として世界経済に影響を与えています。

十九世紀半ば以降、穀物の集散地として発達したシカゴでは、小麦など現物（アクチャルズ）を取引する市場が発生し、それが先渡し（フォワード）、先物（フューチャーズ）取引へと発展していく経過を辿ります。先物大国への脱皮を理論的に後押ししたのが、市場原理主義を信奉する人たちでした。ノーベル経済学賞の受賞者を数多く輩出しているシカゴ大学が中心の「シカゴ学派」と呼ばれる一団です。新自由主義とマネタリズムを標榜する彼ら研究者たちの考え方は、米国先物市場の深化にも大きく貢献することになります。経済は自由な市場に委ねられるべきとの主張のもと、通貨政策重視の姿勢を貫き、金融大国への道を理論的にサポートしてきました。また、実働部隊としての商品取引所関係者の取り組みも見逃せません。とりわけ、現在もＣＭＥグループの名誉会長として君臨するリオ・メラメドは、シカゴ先物史を語る上で、切っても切り離せない人物です。まずは、大統領が褒め称えたメラメドについて簡単に触れてみようと思います。

興味深いことに、メラメドは日本との不思議な因縁で結ばれています。一九三三年、ポーランドのユダヤ人家庭に生まれたメラメドは、第二次世界大戦時、ナチス・ドイツ侵攻でリトアニアに家族とともに命からがら逃げ延びました。それから二年間にわたる逃亡生活が始まります。当時、リトアニアの日本領事館で外交官として着任していたのが杉原《すぎはら》千畝《ちうね》・領事代理でした。彼は本省から通過ビザ発給を止められたにもかかわらず、人道主義の精神のもと、自らの意志で六千枚以上のビザを発行し続けました。多くのユダヤ人の命を救ったということで、杉原は後に日本のオスカー・シンドラーとしてその功績が称えられています。「命のビザ」発給で九死に一生を得たなかの一人がメラメドだったのです。その後、彼ら家族は日本などを経由して米国に移住しました。一九四一年のことです。移住して暫くの間、一家はニューヨークに落ち着きましたが、数学の教師だった父親の転勤でシカゴに移り住みます。学生時代に法律を学んだメラメドは、勉学の合間にアルバイトで先物ビジネスの世界に足を踏み入れることになりました。これが「先物」との出会いでした。大学卒業後の数年間、地元シカゴで弁護士として活動しましたが「知的興奮を与えてくれるやりがいのある仕事は先物ビジネス」との思いを断ち切れず、先物業界への転身を図ったのです。

CME躍進――イノベーションの推進

メラメドが初めてCME会長に就いたのは一九六九年でした。彼はCMEを発展、飛躍させるために奔走します。先物業界にとってメラメドの功績は数え切れないほど多くあります。ニクソン・ショック後の一九七二年、世界初の通貨先物取引を導入したのを手始めに、グローベックス（二十四時間電子取引システム）の推進、シンガポールの取引所との相互決済システム（MOS）の締結など数々のイノベーションに取り組みましたが、常にその最前線で指揮しました。メラメドが理事になった一九六七年から会長として辣腕を奮った一九九一年までで、CMEを国内第二位の農産物取引所から世界最大規模の金融先物取引所へと育て上げた第一人者であることに異を唱える人はいないはずです。

一九九〇年代、筆者はシカゴ駐在中に「先物啓蒙のセールスマン」を自認していたメラメドと、幾度となくインタビューの機会を持ちました。メラメドは国内外のメディアと積極的に接触することを信条にしていたようです。彼の先物市場の啓蒙に対する熱意を感じたエピソードがあるので、それを紹介します。

ある日、インタビューを申し込もうと彼のオフィスに電話をかけると、秘書が応答し「リオ（メラメド）は今、韓国ソウルに出張中で不在です。電話があったことを伝えておきます」。帰国するまで待つしかないと思っていた矢先、机上の電話が鳴り響きました。おもむろに受話器をとると、声の主はメラメドその人でした。「私に連絡をくれたそうだが、何か用があるのか。先物啓蒙でソウルに来て、先ほどシンポジウムが終了した。なかなかの盛況で、アジアでも本格的な先物時代を迎えるという感触を得た。とてもエキサイティングだった」などと熱く語っていました。筆者がメラメドのオフィスに電話をかけてからわずか十数分後の返信でした。秘書が速やかにメラメドに連絡を取ってくれたのでしょう。当時、彼の年齢は六十歳を超えていたはずです。時計に目をやると、時差の関係でソウルは夜中の一時を過ぎており、メラメドのエネルギッシュな行動力

リオ・メラメド
（提供 MK News Inc.）

に舌を巻いたことがありました。

マーケットの社会的・経済的使命について、その役割を聞いたこともありました。一九八四年、米国の有力銀行であったコンチネンタル・イリノイ銀行が破綻します。これは二〇〇八年にワシントン・ミューチュアルが潰れるまで、米国史上最大規模の破綻でした。コンチネンタル銀行が潰れたとき、メラメドらCME関係者にとり最大の使命は、資金ショートに陥った市場を開けられるかどうかの一点だったといいます。メラメドは「マーケットをオープンできなければ、キャピタリズムの終焉を意味する。資金供給について財務省やFRB（米連邦準備制度理事会）とギリギリまで交渉し、何とか取引開始三十分前までに資金調達をすることができた」と振り返っていました。いつでも、どこからでも市場に参入することを可能にするためには、どのような状況下でも市場を開くことが鉄則であると強調していました。

そして、メラメドとの面会で最も印象に残っていることは「スギハラ（杉原千畝）は私たちの恩人だ。もしスギハラがいなかったら、私の命はどうなっていたか分からなかった。もしかしたらその後、金融先物取引は誕生せず、八〇年代後半に米国は経済恐慌に陥ったかも知れない」との言葉です。戦禍に巻き込まれ、命からがら逃げ延びた幼少期の体験や、これまでに先物取引の失敗で三回破産した経験から、人生におけるリスク管理が本能的に身についたのかも知れません。投資に興味がない人間からすれば、投資で一度大きな損失を出し、破産に至った段階で「もう二度と投資にかかわりたくない」と思うのが一般的な考え方ではないでしょうか。ではなぜ、三度も破産して投資を続けているのか――それをメラメドに聞いたところ「取引所のフロアで売買するトレーダーたちの喧騒が私を再び市場に呼び戻すんだよ」と答えています。興味深いことに、メラメドに限らず、多くのトレーダーたちも「ピット（立会場）の喧騒に興奮させられる」というようなことをしばしば口にしていたのを思い出します。取引所フロアには魔物が棲んでいるのかも知れません。

余談ですが、『シカゴ・マガジン』誌は二〇一〇年十二月号で、一九七〇年から二〇一〇年におけるシカゴの先駆者四〇人を選出しました。そのなか、先物業界から選ばれたのがメラメドで、堂々四位にランクインしています。

金融資本主義に綻び

ところで、メラメドがその実現に全精力を注ぎ込んだのが通貨先物の上場でした。その理論的、精神的支えになった人物がノーベル経済学賞受賞のミルトン・フリードマンです。その経緯は第二章であらためて記述することにしますが、ここでは筆者が当時、実際に面識のあったシカゴ大学名誉教授のマートン・ミラーについて触れようと思います。ミラーは、金融先物取引の研究で一九九〇年にノーベル経済学賞を受賞しています。

シカゴ市内でのインタビューで、ミラーは投機の必要性について、それを軽視する人たちをリスク意識の希薄な人と決めつけていました。金融派生商品（デリバティブ）の概念について、一つのリンゴを分割して説明するなど分かり易かったのですが、金融先物商品と株式・債券の現物取引とを

マートン・ミラー
（提供 MK News Inc.）

比較して、次のような趣旨の発言をしていました。

「例えば、株価が下落すると大抵の人たちはいつかまた上昇に転じることがあると信じて、というよりも、自らに言い聞かせるように下落した株券を手放さずにいる。先物取引の場合はルールで限月《げんげつ》（注：将来の一定期日に清算が行われ、その清算日に属する月をいい、転じて決済日のことを指します）が納会を迎える前に差金決済しなければならない。相場が下げに転じた場合、投資家は手仕舞いするなど何か対策を講じなければ大きな損失を被ることに繋がる。何も手を打たずに株券をそのまま塩漬けにしておく。これこそ危険極まる行為ではないか。投資にかかわる以上、思考することが大切なのだ」。

日本でも一九九〇年代後半に北海道拓殖銀行や日本長期信用銀行、山一証券など大手金融機関が次々と破綻に至りましたが、これらの株券を所有していた人たちが紙くず同然の株券を手放さないまま、結局は大きな損失を被ってしまったことは記憶に新しいところです。

シカゴ学派の標榜した金融資本主義はその後、大きく発展を遂げることになりましたが、金融派生商品（デリバティブ）など取引手法が高度化するにしたがって、市場管理はもはやプロフェッショナルの集団たちの手に委ねられ、誰もがどこからでも自由に参加できるという先物本来の機能が発揮しにくくなってしまった面があります。金融工学を駆使してリスク分散を図りながら、パフォーマンス（運用成績）を上げて行こうとする投資手法は、もはや一般の投資家には理解不能と言ってもよいほど高度なものに変容しています。

金融・コモディティ市場での取引手法が複雑になることで、様々な問題を発生させたのも事実です。先物取引だけに限りませんが、二〇〇七年に表面化したサブプライム・ローン（信用力の低い個人向け住宅融資）問題はその典型かも知れません。ヘッジファンドなどが高利回りを求めて住宅ローン担保証券のなかでも特にリスクの高いエクイティ債やそれを組み込んだ債務担保証券に投資を続けるなどした結果、運用上の責任者ですら損失がどれだけ膨らんでいるのか、今どういう運用状況にあるのかを客観的に把握できないくらいのパニックに陥り、挙句の果ては世界的な経済危機の引き金になったことは周知の通りです。自由主義経済体制を堅持することは重要ですが、もはや世界規模で市場設計の見直しに取り掛かる時期に差し掛かっていることは間違いないでしょう。

シカゴ大豆から見た投機市場

少々前置きが長くなりましたが、ここからはシカゴ穀物市場で取引される「大豆」を取り上げます。日本人に馴染みのある大豆を通してコモディティ市場が投機化していく過程を見ていきたいと思います。と同時に、シカゴ大豆相場の価格変遷を鳥瞰することで、ほかの穀物や原油などのコモディティが国民生活にどういう影響を及ぼしているかが分かるはずです。

地平線が遥か彼方まで広がり、眼前には一面の大豆畑――一九九〇年代、筆者が米国シカゴに駐在中、イリノイ、インディアナ、アイオワ、ウィスコンシン各州の大豆・トウモロコシ畑に出かけ、生育状況の調査にあたりました。また、シカゴ郊外カンカキー郡の農民集会にも顔を出す機会がしばしばありました。興味深いことに農民たちは、先物市場を利用し、損失を出さないようヘッジ（保険繋ぎ）しているということでした。当時、クリントン政権はオプション取引の普及目的で、その仕組みを農民たちに理解させるため、中西部各所で勉強会を開催しました。オプション・パイロット・プログラム（OPP）と呼ばれた政策で、マイク・エスピー農務長官が自ら音頭をとって啓蒙していました。そうした集会にたくさんの農家が参加するなど、「先物」や「オプション」に対するアレルギーが少ないことに日本の投資家との認識の差を感じました。

ところで、イリノイ州のある農家を訪ねた際「ここの畑で収穫される大豆の約七割が横浜港に向けて出荷される」と聞かされ、大変驚いたことを今でも鮮明に覚えています。一農家が経営する農地は六〇〇―一六〇〇エーカーと日本の農地と比較にならないほど広大です。米国映画のワンシーンで、見渡す限りのフィールド風景が映し出されることがありますが、まさに「百聞は一見に如かず」でした。私たちの生活にとって米国農業は切り離すことのできない関係にあること、日本がいかに米国産穀物に依存しているかをあらためて思い知らされました。

現在、日本国内の大豆供給はせいぜい五％程度です。そのほとんどを米国やブラジルなど外国からの輸入に頼っています。大豆消費国である日本を裏付けるデータがあります。米農務省（USDA）などの統計によると、一九九〇年ベースで日本国内の大豆輸入量約四六八万トンのうち、米国産大豆のシェアは七四％弱と圧倒的でした。米国側からすれば日本は「最上の顧客」であったことに相違ありません。そして、米国産大豆のうち搾油用よりも高品質とされるIOM（インディアナ・オハイオ・ミシガン州産）大豆のシェアが二三％程度、数量ベースで八〇万トンです。ちなみに、米国は第二次世界大戦まで大豆油、大豆粕の輸入国でした。大豆生産に関して、米国は一九五〇年代後半から中国大豆の生産高を上回り、世界一になっています。近年、一大生産国になった南米ブラジル、アルゼンチンの猛追があるものの、米国は二十一世紀に入った現在も生産量で世界一の座を維持しています。

それから約二〇年後の現在、大豆の需給関係に劇的な変化が生じています。飛躍的な経済発展の下、爆食国家に変貌した中国の存在が穀物市場で俄然クローズアップされるようになったからです。これは、日本と中国との力関係の逆転、つまり主役交代を意味しています。二〇〇八年、大豆生産は世界全体で二億トンに達するまでに拡大します。このうち、世界輸入に占める中国の比率が半分強になり、旺盛な消費意欲が日本から中国に移っていることが数字上からも明らかになりました。米国にとり最上の顧客が日本から中国に取って代わったのです。大豆発祥地であるとされる中国は、一九八〇年代後半からの改革開放政策の下、急激な経済成長とともに穀物需要が伸び、九〇年代半ばに大豆は原油とともに輸出国から輸入国に転じました。

二〇〇九年の穀物年度でみると、中国の米国産大豆の輸入量は過去最高になり、〇一年度の四倍強、前述したように、現在では米国を含めた世界で生産される全大豆の半分強を中国一国だけで買い占めているほどです。中国の買い付けの勢いは大豆だけに止まらず、トウモロコシや小麦など主要穀物にも及んでいます。その動向は穀物市場関係者のみならず、世界経済全体にも大きな影響を及ぼしています。国際連合食糧農業機関（FAO）によると、二〇一〇年に世界の大豆生産量は二億六三六九万トンになっています。

世界に偏在する大豆

シカゴ穀物市場では現在、大豆、トウモロコシ、小麦に加え、大豆油、大豆粕（大豆ミール）などが上場されています。米国の大豆生産地は中西部六州（イリノイ、インディアナ、ミネソタ、アイオワ、オハイオ、ミズーリ）、ミシシッピー川下流域のデルタ四州（アーカンソー、ミシシッピー、ルイジアナ、テネシー）、サウス・イースト四州（ノースカロライナ、サウスカロライナ、ジョージア、アラバマ）、ネブラスカ、カンザスなどその他の州で、全米五〇州のうち一九州で九五％強のシェアに及びます。とりわけ、中西部六州は圧倒的なシェアで、この六州だけで七割程度の生産量を誇り、「米国の胃袋」と称されています。

世界二位のブラジルの主な大豆生産州は、パラナ、リオグランデドスル、マトグロッソドスル、マトグロッソです。この四州で合計七割程度を占めています。世界三位のアルゼンチンでは一九七〇年代半ばから大豆生産が飛躍的に伸び、ほぼ二〇年間で驚異的に増加しています。「七〇年の収穫がわずか三万トン強であったのに対し、八〇年の収穫は三六〇万トンでざっと一二〇倍、九一年春の収穫は一〇三〇万トンで、ざっと三四〇倍という伸び方である」（清水正幸著『大豆相場のノウハウ』）といいます。アルゼンチンの主な大豆生産州は、サンタフェ、コルドバ、ブエノスアイレスです。ブラジル、アルゼンチンは今や、大豆と大豆製品（大豆油・大豆粕）の輸出市場で、米国同様に世界穀物市場に大きなインパクトを与える存在になっています。

次に、大豆と小麦の比較で考えてみましょう。大豆の生産動向でみると、一九九一年には世界市場で米国が五〇％を占め、二位のブラジルが一六％、中国が一一％、アルゼンチンが一〇％、その他一三％の順でした。それに対し、小麦は旧ソ連、中国、ＥＣ（欧州共同体）、米国、インド、東欧、カナダ、オーストラリアなどの順になっています。二〇年近く経過した二〇〇九年ベースでは、大豆、小麦とも生産量の順位自体はほぼ変わらずに推移しています。状況が変化した点を挙げるとすれば、ソ連が崩壊しロシアへ移行したことや、中国が大豆の純輸入国に転落したこと、大豆生産でブラジルが米国に猛追していることなどです。

ここで特筆すべきは、米国・ブラジル・中国・アルゼンチンの上位四カ国で大豆の世界生産量の実に約九〇％を占めているという点です。それに対し、小麦やトウモロコシは世界中の多くの国で生産されていること、つまり、世界各地に点在していることが一目瞭然です。換言すれば、大豆は生産面で主要な農産物のなかで唯一「世界に偏在する穀物」なのです。また、大豆は小麦、トウモロコシと比較して数量面で生産・流通規模が小さく、一旦、供給不安に陥ると、その影響がストレートにマーケット価格に反映される性質を有しています。小さい規模の市場では、ほんのわずかな需給関係の変化や、圧倒的な資金力を背景に市場に乗り出してきたヘッジファンドなどの投機マネーで、相場が乱高下に晒されることはいささかも不思議ではないのです。

一九七三年の大豆相場——日本人も注目

そもそも日本人がシカゴ大豆先物相場に注目するようになったのは、一九七三年とされています。前年に引き続き、年初から三月までエルニーニョ現象の発生で南米ペルー沖のアンチョビ（かたくちいわし）が大不漁になり、代替飼料である大豆粕（ミール）の需要が増加するとの見方で、シカゴ大豆（期近物、以下同）相場は同年四月に一ブッシェル当たり七ドル台まで上昇しました。エルニーニョ現象とは、南米ペルー沖の海水温の異常上昇で、世界の穀倉地帯に異常気象をもたらすとされ、エルニーニョ現象の逆がラニーニャ現象（ペルー沖の海水温の異常低下）です。

一方、世界の政治情勢の変化もマーケットに敏感に反応しました。七三年にソ連の大量買い付けが明るみになり、六月には一二・九〇ドルまで高騰、シカゴ・ボード・オブ・トレード（CBOT）では一九三六年十月五日に大豆を上場して以来、史上最高値を更新しています。この事態に大統領のリチャード・ニクソンは、七三年六月二十七日、六月から九月までの三カ月間に及ぶ大豆の輸出規制に踏み切りました。穀物高につれて原油価格も上昇、秋以降にインフレ傾向が一段と強まり、第一次石油ショックを誘発し世界経済の足枷になります。

一九六〇年代後半から七〇年代初めにかけて米国など食糧輸出国には過剰在庫が累積、日本でも過剰米の増加が顕著になっていたため、ニクソンの措置は輸入国を慌てさせました。米国の大豆輸出を契約の五〇%に削減するという措置だったので、国内消費大豆の九〇%以上を米国産大豆に依存していた当時の日本にはかなりの痛手になりました。「ニクソン声明の直後、豆腐はたちまち二倍、三倍に値上がりし、百円豆腐まで現われ、庶民の食生活をおびやかした。醤油・味噌はもとより、家畜飼料の価格も上昇した。不時にそなえて大豆や穀物を備蓄するなど思いも及ばぬ政府の不意をつかれたかたちである」（大島清著『食糧と農業を考える』）。

一九七四年、ニクソン政権の輸出規制がある程度の効果を発揮し、大豆市場は次第に落ち着きを取り戻しました。五月には一ブッシェル当たり五ドル前半まで値を下げました。ところが、七月からのラニーニャ現象の発生が影響してか、大豆の一大産地である米中西部で干ばつが発生、その後の収穫期には産地一帯が早霜に見舞われたため、供給不安を背景に十月初旬に大豆相場は暴騰を演じ、九ドル半ばまで買われました。この事態を看過できなかった米政府は対応に乗り出します。大豆のほかの穀物輸出に関しても承認制度を実施したのです。結果、大口の輸入国である日本は半ばパニック状態になり、豆腐の値段が再び急騰するなど国民生活に大きな影響を及ぼしました。輸入農産物の価格が三倍に跳ね上がり、日本の対外支払いは増加しましたが、興味深いことに穀物全体の輸入数量そのものは前年並みで、大豆の輸入価額は六割強増加、輸入数量も八%増えています。

これは、日本など先進国にとり食糧危機は価格高騰であることを示し、途上国における飢餓とは自ずと性格を異にしていました。この年の十一月、一二三カ国の代表がローマに集結、世界食糧会議が開かれます。ここでのテーマは、国別の資源・エネルギー・食糧問題でなく、地球全体の課題としてこれら難題に対し、英知を結集して解決しようというものでした。

時は移り、二〇一一年一月、フランス大統領のニコラ・サルコジは食糧高騰を監視するため、主要八カ国（G8）と二〇カ国・地域（G20）首脳会議（サミット）議長国としての方針について記者会見しています。世界を牽引する先進国、新興国が一丸となって政策に取り組まなければならないとの認識のもと、サルコジは国際通貨体制の見直しや、石油や食糧など商品市場改革を主要議題とする意向を表明しました。もはや、G8やG20を始めとした国々が世界規模の協調に乗り出さざるを得ない状況に追い込まれた証左でもあります。七四年のローマ会議から四〇年近く経過した現在も食糧問題は解決されていません。それどころか、新たな課題を背負い、問題の深刻さが増すばかりです。

商品市場の大きな変質とは

「シカゴ穀物市場では、七〇年代初めには、取引の六〇%がヘッジを目的としたもので、穀物を扱う企業や業者が現物の売買契約を相場の変動から守るためのものであった。そして残りの四〇%が相場のサヤかせぎを目的とした投機家の取引であった。しかし、七七年以降には、この比率が逆転、シカゴ穀物取引所もニュー・ブリードの投機集団に牛耳られ、きわめて投機色の濃い市場に変質していった」（石川博友著『穀物メジャー——食糧戦略の「陰の支配者」』）。ニュー・ブリードとは、中東マネーや買い占めで知られたハント一族のような投機家、相場師などの集団を指しています。

二〇〇〇年以降、さらに市場の変質が加速します。その変質とは、市場参加者が多彩になってくるとともに投機資金の規模が大きくなってきたことです。ヘッジファンドや欧米を中心とした年金基金の運用マネー、中東・ロシア・中国などの政府系ファンド（SWF＝国富ファンド）は運用先の開拓に余念がなく、その矛先がコモディティ市場にも向き、多額の投機マネーが流入。その結果、相場が一方向に大きく振れることも珍しくなくなってきたのが現状です。大豆相場は過去三〇年で通常、一ブッシェル当たり五—七ドル程度で推移していたのですが、最近は一〇—一五ドルへとレンジ（相場の変動範囲）が切り上がっています。市場でのボラティリティ（変動率）が激しくなっていることから、早晩、この水準を上抜けても不思議ではない状況にあります。つまり、食品が消費者の手元に届くまでに、その価格が五倍から一〇倍に跳ね上がることも大いに想定される時代を迎えたというわけです。国際連合食糧農業機関（FAO）によると、二〇一一年一月の食料価格指数は二三〇・七ポイント（〇二—〇四年＝一〇〇）になり、過去最高値を更新、七カ月連続で前月を上回り、この間の上昇率が三七・二％に達するなど価格高騰に歯止めがかかりそうにないのが実情です。

実際、二〇〇八年の米リーマン・ショックで運用規模が縮小していたヘッジファンドは息を吹き返す傾向にあります。二〇一一年三月末にはヘッジファンドの運用資産が過去最高になりました。

同年四月二十一日付の『日本経済新聞』によると、米調査会社ヘッジファンド・リサーチ（HFR）が集計した資産運用残高は二兆一九九億ドル（約一六六兆円）で、一年前に比べ約二一％増、初の二兆ドル台乗せになり、米リーマン・ショック発覚前の二〇〇八年六月末に記録した一兆九三一四億ドルを上回ったといいます。米金融緩和で低金利が続くなか、株式やコモディティ市場に資金が流入し、コモディティ価格のなかでも金相場は史上最高値を更新、原油相場も同年半ばまで一バレル当たり九〇―一〇〇ドルの範囲で推移するなど騰勢が続きました。

他方、相場動向により市場からの資金逃避に敏感なのもヘッジファンドの特徴です。二〇一一年九月、ギリシャに端を発した欧州債務危機、新興国の景気減速懸念などを背景に、世界的な株価やコモディティ相場の下落で、ヘッジファンドの運用成績が悪化。その結果、九月の一カ月だけで二一〇億ドル（約一兆六千億円）の投機マネーが堰を切ったように流出しています。同年九月末時点での世界でのヘッジファンドによる運用残高は一兆九六七八億ドルと、半年前に比べ一五兆円も目減りし、二兆ドルの大台割れになっています。

国際商品相場が暴騰を演じた二〇〇八年

穀物はじめ金、原油などありとあらゆるコモディティ市場にとって、二〇〇八年は画期的な一年になりました。シカゴ大豆（期近物、以下同）相場についてみると、二〇〇〇年に一ブッシェル当たり五ドル前後の水準で推移していたのが、新興国向け需要拡大見通しを背景に、穀物相場は〇六年秋頃からトレンドが上昇基調に変わります。大豆の在庫率が適正水準とされる一五％を大きく下回る八％以下になるとの見方から買いが入り、〇七年九月十日に一ブッシェル当たり九ドル台を回復。同年十月三十一日にはドル安や大豆油高に連動し、一〇ドル台に乗せました。

翌十一月十四日には一〇・六六ドルを付け、三四年ぶりの高値を付けます。価格高騰を受けて日本では豆腐や納豆メーカーが〇八年春以降の調達を見送るなどの事態に追い込まれました。同月二十四日にはドル安を背景に米国産大豆の輸出需要が増加していることを買い材料に、一一ドルの大台に乗せました。大豆価格は一年足らずで二倍に跳ね上がったのです。この時点でのシカゴ大豆相場の史上最高値は一二・二ドル（七三年六月）でした。市場関係者の間では、最高値を更新するのは時間の問題であるとの見方が支配的になっていました。実際、大豆相場はその後も騰勢を強めていきます。大豆高騰の背景として米国の農家がバイオ燃料向けの需要拡大を予想してトウモロコシの作付けを増やしたことで、大豆の作付けが減少し、生産量が前年比で二〇％減少したこともヘッジファンドなどの投機筋に資金投入を促す絶好の機会を与えてしまいました。

シカゴ大豆相場は続伸し、〇八年二月には一ブッシェル当たり一三―一五ドル台と上値水準を切り上げます。米農務省（USDA）が発表した需給報告で、大豆（〇七―〇八穀物年度）の期末在庫率がさらに低下、五・三％まで落ち込みました。三月三日には一時、一五・七一ドルを付け、史上最高値をあっさり更新します。同年七月三日には南米ブラジル、アルゼンチンの一大産地からの供給不安から輸入国が米国産大豆の輸入にシフトするとの見方で買われ、一六・六三ドルの史上最高値を付けました。さらに、米農務省の発表で、〇九年八月末の大豆在庫率が四・七％になるとの見通しから適正水準（一五％）を大幅に割り込むとの思惑で、市場では買いが買いを呼ぶ展開になります。〇八年のシカゴ穀物市場では小麦・トウモロコシ相場も史上最高値を更新しています。ただ、その後に発覚した米リーマン・ブラザーズ証券の経営破綻（〇八年九月十五日に米連邦破産法十一条の適用申請）に端を発した金融危機で、世界的な景気悪化から実体経済への波及が加速します。それにともない、同年年末に向けて大豆、トウモロコシなど穀物相場は一転して、全面安の様相を呈するようになりました。

二〇〇八年の商品価格高騰は、実体経済にも影響を及ぼし、日本人の生活にも大打撃を与えました。例えば、大豆を原料にする豆腐店とか納豆店、味噌店、醤油店が経営危機に見舞われるなど、事業者は深刻なダメージを受けています。当時、このまま大豆相場の高値水準が続けば、「一二〇〇店ほどある東京都内の豆腐屋の半分近くは倒産に追い込まれる」との危機感が現実味を帯びたほどで、私たちは、価格高騰が国民生活までいかに直結するかを実感として思い知らされることになりました。一丁百円で売られている豆腐がいずれ五百円まで高騰するとの情報も市場に出回りましたが、実際には経営基盤の盤石でない零細商店が豆腐を百円から五百円に値上げするのは困難です。なぜなら、値上げする前にほとんどの豆腐店が経営破綻を引き起こしてしまう危険性が高くなるからです。これは大豆関連の業者だけに止まらず、小麦を原材料として使用するラーメン店やうどん店の経営でも同様です。

また、原油高による燃料重油価格の高騰は、漁業関係者に深刻な打撃を与えました。二〇〇八年七月十五日、約二〇万隻の漁船が全国で一斉に休漁することになりました。大型さんま漁船も八月十八日に一斉休漁を実施したほか、遠洋マグロ漁船も休漁実施に踏み切るなど、漁業継続が危ぶまれる事態に追い込まれたのは記憶に新しいところです。そして、原油などエネルギー価格の高騰は、燃料として重油を使うクリーニング店や蒲鉾店、イカ釣り漁船の漁師、野菜をビニールハウスで栽培する農家など、ありとあらゆる事業者の経営を圧迫することになりました。これらは個人経営がほとんどのため、価格高騰という逆風もまともに受けてしまいましたが、当然のことながら経営者は値上げなどの措置に踏み切らざるを得ず、その余波が最終的に消費者まで及んだことは言うまでもありません。

政治体制をも揺るがす穀物相場

その後、米リーマン・ショックなどの影響で世界経済が減速するなか、国際商品相場も調整場面を迎えましたが、中国をはじめとする新興国の需要増を背景とする投機マネーの流入や、異常気象による穀物不作などの情報を受けて、穀物相場は二〇一〇年から再び上昇基調に転じ、二〇一一年に入ってからも高騰を続けています。

また、現在の穀物価格の高騰局面で特徴的なのは、その影響力が政治体制を一変させる事態にまで及んでいることです。北アフリカ諸国では大きな社会変動に晒されています。いわゆる「アラブの春」と称される北アフリカや中東地域における民主化革命の広がりです。二〇一一年一月十四日、チュニジアで二三年の間にわたり長期政権を率いてきたザイン・アル＝アービディーン・ベンアリ政権が崩壊、それがきっかけでエジプトにも飛び火し、一カ月後の二月十一日にはムハンマド・ホスニ・ムバラク政権が瓦解、同年八月にはリビアで四二年に及ぶ長期にわたり独裁政治を続けてきたカダフィ政権も事実上の崩壊に追い込まれています。同年十月二十日には、反カダフィ派によって独裁者ムアンマル・アル＝カダフィは殺害されました。アラビア半島のイエメンでも政治的混乱を引き起こしています。民衆反乱の動きはシリアなど中東地域全体に広がり、その成り行きを国際社会が注視しています。

暴動の背景には、深刻な食糧価格の高騰が要因に挙げられています。とりわけ、顕著だったのが小麦価格の高騰でした。不作で小麦が極端に不足しているのではなく、価格高騰で一般国民が小麦を購入できないという点に着目しなければなりません。元をただせば、一大小麦生産国であるロシア（二〇一〇年八月五日、首相のプーチンが小麦輸出を一時的に禁止すると発表、一一年七月一日に解除）や中国産地での干ばつ、豪州やカナダ産地での大洪水による小麦不作があります。それが遠くアフリカの政変まで繋がっていることも見逃せません。特にエジプトは世界最大の小麦輸入国で、一人当たりのパンの消費量は世界一です。米農務省（ＵＳＤＡ）によると、二〇一〇年の小麦輸入量はエジプトが一〇四〇万トンで首位、二位のブラジル（六六〇万トン）を大きく引き離しています。小麦価格の高騰でパンを入手できない人たちの怒りが一気に噴き出した格好になりました。昔から「食い物の恨みは恐ろしい」と言われますが、世界では今まさにそれが現実のものになっているのです。

経済協力開発機構（ＯＥＣＤ）や国際連合食糧農業機関（ＦＡＯ）など国際機関は二〇一一年六月、世界の農産品価格は今後一〇年にわたって高水準が続くとの見通しを発表しています。これは一つの警告と捉えてよいかも知れません。そして専門家の間では、現在のコモディティ市場を取り巻く環境が一九七〇年代に酷似しているとの見方も指摘され始めています。ドル安、米国の財政赤字問題、株式市場などから金《ゴールド》を中心とするコモディティ市場への資金シフト、中国・インド・ブラジルなど新興国の台頭、世界的な食糧需給の逼迫、地球温暖化問題などで、当時に比べると、それぞれの課題が複雑になり、かつ巨大化しています。この状態を放置したままで抜本的な対策を講じなければ、世界経済を減速させるだけでは済まず、政治的なカオス（混乱）を引き起こし兼ねません。最悪のケースでは大規模な武力紛争に発展する可能性が大との懸念も広がっています。繰り返しますが、現在の食糧危機の問題は、穀物生産の面で需要の高まりに供給が追い付かないというよりも、価格高騰とその値上がりスピードのほうがより深刻な事態を招いていることです。

その背景には、ヘッジファンドなどの投機資金が市場に流入していることが大きな原因の一つに挙げられています。行き過ぎた金融資本主義の蔓延、中国やインドなど新興国の台頭による穀物需給構造の劇的な変化、進む世界市場のボーダレス化・グローバル化、産地の天候不順など複合的な要因で、現代の穀物価格は形成されています。その端緒になったのが一九七〇年代の米国の政策であると言えるのです。この過熱化する金融資本主義の大波に、株式や債券、為替だけでなく、穀物や原油などのコモディティ市場ものみ込まれていくことになりました。英国の政治経済学者、スーザン・ストレンジが命名した「カジノ資本主義」の始まりです。まずはその一九七〇年代を振り返ることで、米国が穀物、金《ゴールド》、原油をいかに戦略商品かつ市況商品として活用したかを見ていきましょう。

第二章　穀物から始まった米国先物市場

先物王国シカゴ――伝統のCBOTと革新のCME

米国で三〇年ほど前に出版された『Who Runs Chicago?』（マイケル・キリアン、コニー・フレッチャー、リチャード・シコーン共著）は、政財界やスポーツ、芸術などの各分野において誰がシカゴを牛耳っているか、について書かれたものです。ここでは実力派市長と謳われたリチャード・J・デイリー（先代）らが取り上げられていますが、コモディティ・トレーディング（商品取引）分野では、冒頭で「シカゴの商品取引所を支配しているのはすべてが金融の魔術師たちであり、熱狂するコモディティーズである」と表現されています。言い換えれば、執筆したキリアンらは、特定の個人ではなくシカゴの街全体が商品先物取引を支配していると主張したかったのかも知れません。それだけ、シカゴにとり商品取引所は欠かせない存在なのです。シカゴ・ボード・オブ・トレード（CBOT）の所在地である141 West Jackson Boulevardは、シカゴ中心地であるラサール金融街の臍《へそ》ともいえる場所で、そこに聳え立つCBOTビルは現在でもシカゴのランドマークになっています。

投機の街——シカゴ

人口ベースで全米第三位の都市、シカゴについて読者はどのようなイメージを抱くでしょうか——ギャングの大ボス、アル・カポネが暗躍した街、スポーツ愛好家ならバスケットボールの神様、マイケル・ジョーダン率いるシカゴ・ブルズが一九九〇年代にNBA（ナショナル・バスケットボール・アソシエーション）で三連覇を二回、計六回の優勝を飾ったとか、メジャーリーグのホワイトソックスやシカゴ・カブスで日本人選手が活躍していることを思い浮かべる人も多いでしょう。『老人と海』、『武器よさらば』、『誰がために鐘は鳴る』などの名作で知られる文豪、アーネスト・ヘミングウェイの生誕地、シアーズ・タワーやジョン・ハンコックセンターなどのシカゴ摩天楼、日本の旧帝国ホテルの設計者として知られる建築家のフランク・ロイド・ライトが活躍した街、ルイ・アームストロング、ベニー・グッドマンらがスウィングしたジャズやブルースの本場、セオドア・トーマスやサー・ゲオルグ・ショルティらが音楽監督を務めたシカゴ交響楽団（CSO）の本拠地、そしてロック・グループのシカゴを連想する人もいるかも知れません。ポップス界の巨人、マイケル・ジャクソンもシカゴ出身です。

ニューヨークのメトロポリタン美術館とボストン美術館と並び米三大美術館とされるシカゴ美術館にはスーラの『グランドジャット島の日曜の午後』があり、門外不出になっています。また、「ブルース・ブラザーズ」や「アンタッチャブル」、「ホームアローン」など映画の舞台になったシカゴを思い浮かべる人たちも多いでしょう。ミュージカル「シカゴ」は映画にリメイクされ、人気を博しました。

学術関連では、数多くのノーベル賞受賞者を輩出するシカゴ大学、とりわけ経済学の分野ではミルトン・フリードマン、ジョージ・スティグラー、マートン・ミラーら多くの学者を輩出しています。ちなみに、シカゴ大学が授与した博士号の第一号は日本人の浅田栄次でした。一八九三年、博士論文は旧約聖書ゼカリア書に関する原典比較研究であったといいます。二〇〇八年には、シカゴ大名誉教授の南部陽一郎がノーベル物理学賞を受賞しています。

シカゴ市内
（提供 MK News Inc.）

政界では、国務長官のヒラリー・クリントンがシカゴ出身です。また、現職大統領のバラク・オバマは地元シカゴを拠点に政治活動を開始し、ホワイトハウスのトップまで登り詰めました。産業界に目を向けると、シカゴをベースに本拠地を構える米国の大企業はマクドナルドやユナイテッド航空、食品のサラ・リー、チューインガムのリグレーなどがあります。全米の中継地に位置するオヘア国際空港を玄関口に、シカゴでは毎年、多くの会議やシンポジウムが開催されます。そのため、コンベンション・センターとしての役割を果たしている面もあります。

このようないずれもが、シカゴという都市の諸相を捉えています。しかし、もう一つ忘れてはならないのが「投機の街」という別の顔です。大豆や小麦、トウモロコシなどの穀物をはじめ、生牛・生豚などの農産物、ドル・円・ユーロなどの通貨、株式指数などに関連する金融先物・オプション取引が活発に行われ、ここで決まる価格は米国内だけでなく、世界経済に大きな影響を与えています。シカゴはまさに「フューチャーズ（先物）の街」なのです。

日本人とシカゴとの遭遇

シカゴ市場の成り立ちを紹介する前に、日本人とシカゴとの出会いについて紹介しましょう。それはいつ頃だったのでしょうか。伊藤一男著『シカゴ日系百年史』によると、日本人がシカゴという街に初めて遭遇したのは、明治五（一八七二）年であったといいます。徳川幕府が滅び、明治維新から五年目のことでした。明治新政府は、副総理格の右大臣、岩倉具視を特命全権大使とする使節団を明治四年末に米国と欧州に派遣しました。一行のリストには、木戸孝允、大久保利通、伊藤博文ら明治維新の立役者の顔ぶれがズラリと並んでいます。

岩倉使節団がサンフランシスコからオマハを経てシカゴのセントラル駅に到着したのは明治五年一月十八日でした。前年の十月八日、シカゴでは大火が発生、三百人の焼死者、建物焼失二万戸など、損害が五億ドルに上る大惨事に見舞われました。歴史に有名な「シカゴ大火」です。使節団のシカゴ入りは大火の約二カ月半後にあたり、当地では復旧作業に追われていました。訪問時、馬車で市内を視察した岩倉はあまりの惨状を前に絶句したとされています。そのためか、シカゴ市に対し大火見舞金として五千ドルを寄付しています。

使節団の欧米訪問について、これに同行した久米邦武が『特命全権大使　米欧回覧実記』で、各地での出来事をつぶさに書き留めています。そのなかに、一行がシカゴの商品取引所を訪問した際の記述があります。そこには「『ロヤルエキステンヂ』トテ、商人ノ会シテ、商品及ヒ手形売買ノ相場ヲ定ムル所アリ、此ニ入レハ、堂中ニ商人群集セリ、上壇ニ登リ商会長《コンメルス》『スピーチ』ヲ演シテ衆ニ告ク、群商蟻《ぎ》附《ふ》シ声ヲ揚テ祝セリ」（ルビはママ）と紹介され、当時から取引所での商いが活気に溢れていたことを窺わせます。

また、岩倉使節団の欧米視察から十数年経た明治十八（一八八五）年、日本政府から特許制度調査のため欧米に出張を命じられた専売特許所長（特許局長）の高橋是清（後の蔵相、首相）がシカゴを訪問。高橋は滞在中、家畜処理場や商品取引所を訪れたという記録が残っています。

先物取引が認知される街

シカゴで、先物取引が市民の間で認知されていると実感したことがありました。筆者は一九九〇年代、金融・コモディティ取引関係の取材でシカゴをベースに全米各地を回るなど、多忙な日々を送っていました。取材の傍ら、東京から当地を訪問したディーラーや銀行・証券会社の関係者、ジャーナリストたちをシカゴ・ボード・オブ・トレード（CBOT）やシカゴ・マーカンタイル・エクスチェンジ（CME）などの取引所関係者らに引き合わせるなど、先物大国シカゴのガイド役も兼ねていました。

日本からあるマスコミ関係者が当地を訪問したときでした。全日程を終えた後、滞在中に世話になったとして筆者を夕食に誘ってくれました。彼はシカゴでの取材にたいそう満足した様子でした。語らいの後、筆者はダウンタウンにあるバーに彼を連れ出したのですが、大手新聞社から派遣されたこの記者は、この酒場でもシカゴ先物ビジネスの奥深さに驚かされたようでした。というのも、席についた私たちのことを先物取材者と知ると、店でアルバイトする米国人女性たちが一様に尊敬の念を抱いたからでした。当初、社交辞令と思っていたのですが、話が進むにつれてまんざら儀礼的な言葉ではないと感じてきました。彼女たちからすると、金融やコモディティ市場に関する相当な知識や経験、相場を張る度胸のよさがないと、先物業界に就職できないと思われているようでした。簡単に言うと、コモディティ・ブローカーは「みんなが憧れるカッコいい仕事」なのだそうです。まさに「所変われば……」です。商品先物取引に対するイメージが著しく低い日本とは雲泥の差があることに、あらためて気付かされた一夜でした。

タクシーを利用する際にもユニークな経験をしたことが多々ありました。例えば、シカゴの玄関口、オヘア国際空港からタクシーをつかまえ、「LaSalle at Jackson」と行き先を告げると、間違いなく運転手から「ボード・オブ・トレード（CBOT）ね」と返ってきます。住所表示が中心の米国とはいえ、日本の場合であればどうでしょうか。成田空港からタクシーに乗り、東京工業品取引所とか東京穀物商品取引所、ないしはそれらの所在地（住所）を告げて何人の運転手が「分かりました」と答えるかは疑問です。ほぼ全員が「すみません。それはどちらでしょうか」と聞き返してくるのがオチでしょう。つまり、シカゴではそれだけ商品取引所が市民の間で認知されているということでもあるのです。

ある日、ダウンタウンでの取材を終え、タクシーでCBOTビル内にあるオフィスに戻るときのことでした。行き先をCBOTと告げると、黒人男性の運転手が「あんたはトレーダーなのか」と聞いてきました。「日本から駐在でシカゴに来たメディア関係者」と答えると、運転手はいきなり車を道路に横付けし「日本人は金儲けがうまい。ジャーナリストならコモディティ取引で儲かる指南本を知っているだろ？　是非教えてくれ」と言って、ペンとメモ帳を取り出しました。あまりに熱心なので、仕方なく「あるにはあるが、アメリカで翻訳本を見つけるのは難しいかも知れない。あなたは日本語が読めるのか」と尋ねると、くだんの運転手は思わず「オーマイ ガッド！（なんてこった)」と頭を抱え「もっと勉強して日本語をマスターしておくべきだった」と諦め顔。それまでの饒舌さはどこへやらで、それっきり目的地まで黙り込んでしまいました。

面白いことに、似たような体験はシカゴ滞在中に何度となくありました。一番多かったのが、穀物やゴールド、金利、通貨の相場見通しです。それも大豆相場は上がるか下がるか、といった単純な質問ではなく、米農務省(USDA)の穀物需給報告が発表されたが、その数字をどう分析しているか、といった類いの質問でした。迂闊に答えられないので閉口したことを覚えています。株式や為替、債券、コモディティ取引であれ、日本のタクシー運転手で儲け話に関する本や情報を聞き出してくる人はまずいないでしょう。金や原油などを上場する東京工業品取引所や、コメや穀物を扱う東京穀物商品所を訪問するのに、筆者は度々タクシーを利用してきましたが、少なくともそうした質問をされた経験はこれまで一度もありません。シカゴでいかに「先物」が根付いているかの一端を窺い知るエピソードではないでしょうか。

先物啓蒙教育

先物取引の啓蒙について、シカゴでは市を上げて取り組んでいたことも印象的でした。一九九四年のことです。絵画コンクールで入賞したシカゴ市内の小中学生に当時の市長のリチャード・デイリーから賞状や記念品が授与されました。コンクールの主催はシカゴ・マーカンタイル・エクスチェンジ(CME)です。シカゴ市も全面的にバックアップし、先物啓蒙教育に力を注いでいます。日本では「子どもに先物を教えるなんて」と怒りを露わにする人たちもいるかも知れませんが、ここシカゴでは先物取引のイロハ、先物市場の役割などについてプレゼンテーションが行われるなど、子どものうちから先物に対する意識を植え付けようとする狙いがあるようです。

先物教育に触れる前に、市長のデイリーについて簡単に説明しておきます。彼はシカゴ政治の一時代を築いた名門一族の生まれです。父親のリチャード・J・デイリーは二〇年余りにわたりシカゴ市長に君臨しました。その息子のデイリーも在任期間が二二年を超え、父親の最長在職記録を塗り替えましたが、二〇一一年二月に政界を引退しています。実弟のウィリアム・デイリーは二〇一一年一月中旬、オバマ政権の司令塔役である大統領首席補佐官に着任しました。次期大統領選に名乗りを上げた大統領の再選を全面的にバックアップしていくとみられていましたが、二〇一二年一月に突如辞任を表明、ホワイトハウス行政管理予算局（OMB）長官のジェイコブ・ルーが後任に指名されています。

さて、シカゴでは大学や取引所などの先物教育も熱心に行われています。現役トレーダーのほか世界各国から受講生を募集し、様々なプログラムが提供されています。イリノイ工科大学の「金融市場と取引プログラム」コースでは、必須科目として「投資とポートフォリオ管理」、「オプション理論」、「金融市場の倫理、法体系、規則」、「国際投資戦略」、「金融商品のための会計」、「金融市場における数学的分析」などの講座がありました。このコースには約三百人が参加、講師陣は四〇人。受講生の大半が金融機関などに所属するトレーダーたちです。また、韓国を中心としたアジア地域、南米、東欧からの金融・証券マンやトレーダーも目立っていました。

シカゴのダウンタウンにあるデュポール大学はCMEと共同セミナーを開催。一九九五年にサマー・プログラムと称して「マネーマーケットと先物プライシング」、「コモディティ・ヘッジ・ワークショップ」などの講座を提供し、モック・トレーディングとしてCMEでの模擬売買などのコースも選択できました。海外からの参加者が年々増加していることに対し、当初からプログラム運営に携わってきたデュポール大学教授のカール・ルフトは「旧東欧、中東、韓国、タイなどから受講生が参加している。世界規模で市場が拡大している現在、どの国の参加者も先物取引の重要性を認識したので、そのノウハウを吸収するために参加したのではないか」と分析していました。

CMEとCBOTも取引所としてそれぞれ独自に講座を開講しています。外部から優秀な講師を招聘しているのも特長です。また、CMEでは参加者に満足してもらうため、セメスター（学期）ごとに講師に対する受講生のアンケート調査を実施していました。CMEとイリノイ工科大学でオプション取引などの講座を担当する講師のダニエル・グラムザに感想を聞いたところ「講義は毎回、緊張の連続です。参加者の真剣な態度をみると、手抜きはできません」との答えが返ってきました。

このように、シカゴでは先物人材の予備軍育成に力を入れていることが分かると思います。

商品取引所は千変万化の世界

スーザン・ゴールデンバーグは、その著『世界の投機市場』で商品取引所の性格について「商品取引所やオプション取引所を見ていると、証券取引所の騒音などは上品で静かなパーティーのようである。一瞬のうちに巨万の富を築いたかと思えば、あっという間にすべてを失う千変万化の世界」と表現しています。シカゴやニューヨーク先物市場では今やコンピュータによる売買が主流になっていますが、一方で現在でも伝統的なオープン・アウト・クライ（公開呼値）方式と呼ばれる取引仕法を採用しています。これは、会員であるトレーダーたちがピット（立会場）で手振りにより売り買いの注文を出し合い、価格を決めるもので、一九九〇年代半ば、CBOTと並ぶもう一つの雄、CMEでは、スタンダード＆プアーズ（S＆P）五〇〇株価指数の一銘柄だけでピットに百人規模のトレーダーたちが集まり、大声を上げながら、ときに絶叫調で、売り買いを繰り返していました。その取引の様子はまさに壮絶そのものです。シカゴは風の強い街で「Windy City」の別名があるほどです。とりわけ、冬季の寒さは厳しく、高層ビル群を吹きつける強風で、体感温度がマイナス摂氏数十度になることも珍しくありません。ホームレスなどは寒さを凌げず、生命を落とす人たちさえいます。それとは対照的に、商品取引所のピットでは一年中、熱い売買が繰り広げられます。売買が過熱してくると、ときにはトレーダー同士の殴りあいに発展することもあり、まさに戦場の様相を呈します。言い換えれば、金儲けの「銭場《せんじょう》」と化すといったところでしょうか。筆者は、CMEのピットにしばしば顔を出しましたが、そうした際にもトラブルを目の当たりにすることが多々ありました。あるトレーダーの腕が激しい手振りによって偶然にも隣のトレーダーを直撃。強烈なパンチを受けた格好になったトレーダーの顔が血だらけになった場面に出くわしたこともあり

CBOTでトレーダーたちに囲まれるゴルバチョフ（中央）
（1992年／提供 MK News Inc.）

ましたが、誰もそのトレーダーを気遣う様子はありません。彼は大丈夫なのか、と周りのトレーダーたちに質したところ「いつものことさ」と何食わぬ素振りでした。ピット内の熱気は凄まじく、ここを訪れる人たちは独特な雰囲気に包まれるかも知れません。

シカゴの取引所には各国から要人がしばしば視察に訪れています。これまでCMEやCBOTを訪れた各国要人は、元首相の中曽根康弘、小渕恵三、中国の元国家主席の李先念、中国元首相の朱鎔基、元豪州首相のロバート・ホークら枚挙にいとまがありません。

一九九二年五月、元ソ連大統領のミハイル・ゴルバチョフがCME、CBOTを訪問しています。取引時間中にピット（立会場）に姿を現したゴルバチョフにトレーダーたちから「ゴルビー、ゴルビー」の大合唱、熱狂的な歓迎を受けたほか、CME理事長のジャック・サンドナーから「ペレストロイカ・フューチャーズ」のロゴ入りジャケットをプレゼントされ、終始ご満悦な様子でした。また、レーガン、ブッシュ両米大統領、メキシコ元大統領のカルロス・サリナスに続き、ゴルバチョフには四人目の名誉会員の称号が与えられました。これに対し、ゴルバチョフは「まあ、肩書きだけのものですが……」とジョークを飛ばした後「この種（先物）のことに専門家ではないので、もし私が何かしようとするならば、皆さんを混乱させてしまうかも知れません」と述べ、場内の笑いを誘いました。ゴルバチョフの訪問後、ロシアからシカゴへのトレーニー（研修生）派遣がさらに増加していくことになります。CBOTとCMEはその後、合併しますが、これについては後述します。

米国商品取引の元祖、CBOTの誕生

米中西部では、十九世紀前半の一八一八年にイリノイ州が誕生、二三年には五大湖とハドソン川を結ぶエリー運河が開通しました。三一年にクック・カウンティー（郡）が成立、三三年八月、シカゴはタウンとして登録されましたが、当時は人口がわずか三五〇人ほどだったそうです。三七年三月に市民憲章を制定し、シティ（市）に昇格しました。この間、アイルランド系、イタリア系、ポーランド系などの移民が増加し、人口は四一〇〇人程度まで増加したといいます。四八年にはサニタリー・アンド・シップ運河の完成、ガレナ・アンド・シカゴ・ユニオン鉄道の開通、市庁舎マーケット・ビルの落成、五二年には東部との鉄道が連結するなど、この時期にインフラが急ピッチで整備

されていきます。

米中西部に位置するシカゴが農産物の集散地として栄えるようになるのは一八六〇年代です。交通の要衝になったシカゴには、中西部を中心にトウモロコシや大豆、小麦を収穫した農家の人たちが農作物を荷馬車に積んで集まってきました。シカゴは五大湖のミシガン湖に面しています。ここに集められた穀物は、ミシガン湖からヒューロン湖、エリー湖、オンタリオ湖を経由して、最終的にセントローレンス川を下って大西洋岸に運ばれました。大西洋側からヨーロッパ各国に向けて穀物を輸出していたのです。「シカゴはレイク積みと称された穀物の一大集積地として栄えた。そんな歴史がシカゴにはあった」（江藤隆司著『〝トウモロコシ〟から読む世界経済』）。現在はミシシッピー川を下って河口のニューオーリンズ港を中心に穀物が横浜港などに輸出されていますが、当時は現在のルイジアナ州がフランス領であったため、メキシコ湾からの船積みができませんでした。

一八六〇年代半ば、穀物の集散地になったシカゴでは、秋の収穫期になると産地から小麦、トウモロコシなどの穀物が集められましたが、いずれも市場の需要を大きく超えて到着するのが一般的でした。市場における供給過剰のため、生産者である農家は販売する農作物について満足する価格で売り捌くことはできません。現代のような近代的なカントリーエレベーター（産地穀物倉庫）やターミナルエレベーター（集散地穀物倉庫）など穀物を貯蔵する施設も不十分で、穀物を保存することが不可能になります。そのため、穀物を運搬する最盛期には数千トン規模の小麦やトウモロコシが廃棄されることも珍しくはなかったといいます。艀《はしけ》積みの穀物がシカゴ川に浮かべられたまま放置され、そのうち腐敗が始まると、船荷はミシガン湖に曳いていかれ、そこで処分されました。

一方、春先から初夏にかけて、前年収穫された穀物の貯蔵は底をつきかけ、供給逼迫の状況に陥ります。チャンスはここぞとばかり、在庫を手持ちしていた穀物商人は加工業者に非常に高値で売りつけるようになります。収穫時に一ブッシェル当たり二〇セント程度の小麦が翌年五月末にはその一五倍の値で売れたほどで、極めて大きな価格変動に晒されることになります。市場関係者は思案を巡らしました。過剰供給を過小供給にすることが繰り返されるのを回避しようと、先渡し(フォワード)取引を生み出したのでした。このフォワード取引は相対で行われます。その販売慣行が確立されてくると、次の段階として十二カ月に渡る現物渡しの日程表が作成されるようになりました。そして、買い手と売り手が相互に合意した特定日数後の遅延渡しは、将来の特定日に現物の引き渡しを行う先物(フューチャーズ)契約の取引慣行に移っていくようになります。先物取引の長所について、高橋弘は著書『アメリカの先物・オプション市場』で「先物受け渡しのため、大量の商品を効果的に売買するために創設された。これにより売買を行うヘッジャーが自己の目的に応じて価格変動リスクを最小限にすることが可能となった。特に、各種農産物の生産、分配、消費に関与するものにとり重要である」と指摘しています。米国で記録されている最初の定期契約は一八五一年三月十三日、トウモロコシ三千ブッシェルをこの月の相場ブッシェル当たり一七セントで六月に受け渡しする約定だったといいます。

米国では鉄道網の発達がその後の産業構造を転換させる原動力になります。一八五二年にミシガン・サザン鉄道とミシガン・セントラル鉄道が繫がり、東部との交易に鉄道手段が大きく貢献することになりました。一八六〇年にはシカゴで共和党大会が開催され、この地でエイブラハム・リンカーンが大統領候補に指名されています。米国独立前の一七五二年、ニューヨークのブロード・ストリートに設立された国内物産取引所の取引所が米国のコモディティ取引の先駆けと言われますが、市場のような形での本格的な出現は、一八四八年に誕生したシカゴ・ボード・オブ・トレード（CBOT）が初めてとされています。同年には欧州でマルクス＝エンゲルスの『共産党宣言』が出版されています。

「一八六〇年前後、中西部における鉄道の発達は一帯を穀物の生産地となし、ミシガン湖岸の一小都市をこの地方の中心都市に成立させ、この地方一帯の農産物の集散地とした」（鈴木正武著『世界の商品取引所』）――こうしてシカゴは都市としての機能を増し、大躍進を遂げていくことになったのです。CBOTでは当初、コモディティの売買において、それを実行する保証手段として証拠金を用いませんでした。これが初めて実施されるようになるのが一八六五年です。よって、この年が米国での「先物取引の元年」になります。証拠金とは、買い手と売り手の双方が利害関係を有しない第三者に同額の金額を現物引き渡しおよび購入の保証手段として預託するもので、買い手もしくは売り手に契約不履行が生じた場合、その預託金が没収されました。

米国で商品取引所の設立ラッシュ

一八六〇年当時、米国全体の農業人口は約二百万人でした。「新しいシカゴの取引所は農作物の需要と供給を引き合わせ、値決めや受け渡し、信用、その他、広大な大陸上で行われる商品の物理的な取引にともなう予測不能の要因による問題を解決したのだ」（ジム・ロジャーズ著『商品の時代』）とされていますが、その後、雨後の筍のように、米国ではカンザス・シティ、ミネアポリスなどに穀物取引所が設立されるようになります。一八七〇年にはニューヨーク綿花取引所、一八七一年にはニューオーリンズ綿花取引所が設立、一八八五年にはニューヨーク・コーヒー取引所が設立、一九一六年に砂糖を加え、ニューヨーク・コーヒー・砂糖取引所に改称されました。このように、米国での先物取引は穀物に始まり、綿花やコーヒーなどの銘柄を次々に上場していくことになります。

その背景として、第一次世界大戦の勃発が大きな要因として挙げられます。欧州の交戦国が戦争状態によって食糧、金属、衣料などの多くの商品を米国に求めるようになったことで、米国経済は急速な発展を遂げるようになりました。一九二〇年以降、以下のような銘柄が米国の商品取引所で上場されました。ゴム、大豆、胡椒、玉葱、馬鈴薯、小麦粉、羊毛、皮革、生糸、銅、鉛、錫、亜鉛などです。既に上場廃止になった銘柄も多くありますが、あらゆる物資が取引所で取引されるようになったのです。

他方、時間の経過とともにシカゴでの取引は定期市場として整備されていくことになりましたが、その過程で様々な問題が浮上したのも事実です。河村幹夫著『ザ・シカゴ・マーケット』によると「十九世紀末、CBOTと併行して場外ではBucket Shopと呼ばれる非合法のノミ屋が横行。女性や子どもを含む一般大衆に小額な単位の投機を勧誘するようになり社会問題化した。打つ手なしの取引所は市場で成立した価格を場外には迅速に流さないようにするという手段に打って出た」といいます。市場規模が小さいために、実需家以外に市場参入する人たちも現れます。これは同時に、投機家による相場操縦を活発にする契機にもなりました。その代表的なものが、三つの大きな買い占め事件（Three Big Corners）でした。一八八八年のハッチンソン、一八九八年のレイター、一九〇九年のパッテン事件を指します。それぞれのケースについては説明を控えますが、そのいずれもが小麦市場を舞台に繰り広げられました。

前述のように、シカゴ・ボード・オブ・トレード（CBOT）は一八四八年四月三日、現物取引市場として発足しました。一八五九年、イリノイ州議会がシカゴ取引所の設置を特別条例で承認、法人格が賦与され、一八六五年に先物取引を開始するに至ります。CBOTは当初、八二の穀物商の連合体組織に過ぎませんでしたが、これが「北のラスベガス」としてのシカゴの地を築く土台になりました。穀物商らは粉屋の二階を年間一一〇ドルで借り、そこを拠点にしました。ところが、一八七一年に災難が突然襲いかかります。シカゴの大火で取引所の建物は微塵もなく焼失してしまったのです。

その後、一八八五年に現在の場所に取引所ビルが建設されるまで、取引所はシカゴ市内の一二カ所に分散されていたそうです。現在の四五階建ての偉容を誇るアールデコ調のビルが完成するのは一九三〇年です。今はシアーズ・タワーやジョン・ハンコックセンターなど超高層ビルが乱立する摩天楼都市シカゴですが、当時はCBOTビルがシカゴで最高層のビルでした。CBOTビルは最上部に豊年の女神ケレスの像をいただき、農業を象徴する二つの像、小麦の束をつかんだ髭の農夫と、トウモロコシの茎をもったインディアンが玄関口の時計の上に立っています。この二つの像は、一九六〇年代後半まで取引所が綿花を含めた穀物取引の場であったことを示しています。一九九五年、CBOTは一億七五〇〇万ドルを投じ、CBOTビルの裏手に当たる少し離れた場所に新しいトレーディング・フロアを開設、このフロアにはジャンボ・ジェット機がすっぽり収まるほどのスペースがあります。このほか、CBOTビルに隣接するシカゴ・オプション・エクスチェンジ（CBOE）はその名の通り、オプション取引専門の取引所で、活況を呈しています。また、二〇〇三年十二月にはシカゴ気候取引所（CCX）で二酸化炭素（CO_2）排出量の取引がスタートしています。

CMEは金融先物取引で大躍進

CBOTのライバルが、シカゴ・マーカンタイル・エクスチェンジ（CME）です。シカゴの人たちはCBOTと区別するため、CMEのことを「MERC」の愛称で呼んでいます。これは、Chicago Mercantile Exchange の一部であるマーカンタイル（Mercantile）に由来します。一八七四年創設のシカゴ物産取引所を前身とするCMEは、一八九八年にシカゴ・バター・鶏卵取引所として設立。

ミルトン・フリードマン

卵や豚肉など畜産物を中心とする小規模な取引所で、一九一九年に現在の名称に改められました。

穀物中心のCBOT同様、CMEは一九六〇年代まで新しい分野に進出することはありませんでした。つまり、ローカルな市場にとどまっていたということです。ところが、ある野心家の登場で、CMEの快進撃が始まり、世界的な取引所への脱皮に向けて大きく羽ばたくことになります。第一章で紹介したように、その人物がリオ・メラメドです。一九六九年、彼はCME会長に就任します。三十七歳のときでした。メラメドの前任者だった会長のE・B・ハリスらCME関係者は当時、国際通貨市場（IMM）の設立準備に取り掛かっていました。一方、CMEはサウス・ダコタ大学教授で、先物取引の研究家だったマーク・パワーズをエコノミストとして採用。当時、商品取引所がエコノミストを採用するのは初めてで、非常に画期的なことだったとされています。パワーズの博士論文は、研究対象が豚肉取引でしたので、豚肉を上場していたCMEでの取引についても熟知していました。

新規上場商品の開発にあたってメラメドは、シカゴ大学教授のミルトン・フリードマン（一九七六年にノーベル経済学賞受賞）にアドバイスを求め、論文作成を依頼しました。自由主義経済論の復活を標榜するフリードマンは、政府による市場への介入は不要、インフレ抑制の物価統制は避けるべきとの考えに基づき、市場動向によって不平等が生じるのは問題がないと主張しました。メラメドは金融イノベーションを完成させるためにフリードマンの助力が必要不可欠と考え、積極的にアプローチしています。メラメドの提案に対し、フリードマンは「普通の外国為替取引は政府が反対するだろうから、豪州ドルなど少し変わった通貨を始めてみてはどうか」と助言したそうです。その際「私はキャピタリストだから」と言って、五千ドル（七五〇〇ドルとの説もあります）の謝礼を求めたといいます。これは、メラメドが筆者とのインタビューで明らかにしています。こうしてフリードマンの『外国通貨先物市場の必要性』と題する論文が仕上がりました。この論文では「通貨先物が外国為替相場を安定させる効果がある」と記述され、通貨先物取引の導入を促しています。この論文は効果てきめんでした。メラメド自身、「誰も反論することができない秘密兵器であった」（『先物市場から未来を読む』）と表現しています。フリードマンはまた、リチャード・ニクソンやロナルド・レーガンら共和党の大統領経験者、英国首相として辣腕を奮ったマーガレット・サッチャーら大物政治家との親交が深く、英米の経済政策にフリードマンの理論が大きく反映されたのは周知の通りです。

通貨先物上場が実現

通貨先物取引に関しては当時、一九四四年のブレトン・ウッズ協定で設立された国際通貨基金

（ＩＭＦ）で固定レートが定められていたため、すぐに日の目をみることはありませんでした。ところが、急激なインフレ進行、一九七一年の大統領ニクソンによるドル切り下げなど、金利安定時代が終焉を告げ、変動相場制の時代に突入したことは、メラメドら金融先物を上場しようと試みたＣＭＥに大きなチャンスになりました。ニクソンはブレトン・ウッズ体制からの離脱と同時に物価凍結策も発表。ＣＭＥ首脳部は通貨先物取引の上場実現を急ぐため、スタッフたちを鼓舞し続けました。

会長のメラメドらは一九七二年一月十四日、イリノイ州選出の上院議員、チャールズ・パーシーを訪問、そこで通貨先物取引の重要性を説きました。ボブ・タマーキン著 *The MERC* によると、もともと自由市場の信奉者であるパーシーは、メラメドらの提案を受け入れます。その上で「ＭＥＲＣは通貨先物の上場を予定していると発表したが、私の判断によると、米国にとり、海外経済政策にとても重要である」と答えたそうです。と同時に、パーシーは米連邦準備制度理事会（ＦＲＢ）議長のアーサー・バーンズに親書を手渡す約束をしてくれたといいます。三日後、ＣＭＥは通貨先物導入の可否について会員投票を実施、その結果、三二一対一九の圧倒的多数で可決されました。関係者の精力的な働きかけが奏功し、七二年五月十六日、ＣＭＥの一部門である国際通貨市場（ＩＭＭ）で日本円やドイツ・マルクなど七通貨を揃えた通貨先物取引が開始します。初年の総出来高（ボリューム）は約一四万四九〇〇枚、一九七三年は約四一万七三〇〇枚まで増加。通貨先物上場を契機に、ＣＭＥの快進撃が始まることになります。

その後の出来高（七通貨先物取引の総計）の推移は――

一九七八年　一五五万七千枚
一九七九年　二二一万八千枚
一九八〇年　四二一万枚
一九八一年　六一二万枚
一九八二年　八六九万枚
一九八三年　一一八九万枚
一九八四年　一三七八万枚

このように、年を経るごとに出来高増加の一途を辿り、CMEの大ヒット商品に繋がりました。
ところで、国際通貨市場（IMM）創設までには長い道のりがありました。フリードマンの助言を得て、メラメドがニューヨークの銀行関係者たちに説明に出かけたところ「現在のインターバンクの為替取引に対抗するもので、議論するのも馬鹿げている」と一蹴されたそうです。ロスチャイルドら金融界の大物たちもその導入に反対の意を唱えました。ただ、事前の根回しは難航したものの、シカゴ学派のお膝元であるシカゴの銀行関係者からは歓迎されたといいます。当時、IMM設立委員会のメンバーの一人だった、トレーダーのバリー・リンドは、この試みに半信半疑だった胸の内を明かしています。マーティン・メイヤー著*MARKETS*には「私（リンド）はどこまでもリオ（メラメド）についていこうと思った。ただ、通貨先物取引という考え方を売り込むため、委員会メンバーたちが（事前説明のため）ヨーロッパに出かけるまではそれがうまく運ぶとは思っていなかった」と紹介されています。一九七六年には、合衆国財務省手形（T―bill〔三カ月物〕）の新規上場に漕ぎ着け、上場初日の取引でオープニングベルを打ち鳴らしたのは、他ならぬフリードマンでした。

一九七一年八月のニクソン・ショックは、ブレトン・ウッズ体制の崩壊を意味しました。そして、各国通貨の切り上げとドルに対する変動幅の拡大が決定された七一年十二月十三日のスミソニアン合意によって、通貨先物上場の道筋が整えられたと言えます。CMEが取引所の一部門に創設した国際通貨市場（IMM）では、英国ポンド、ドイツ・マルク、イタリア・リラ、日本円などの七通貨先物が上場され、その後、八一年にはユーロドル三カ月物金利先物を、八二年には指数・オプション市場を開設し、同年四月二十一日にスタンダード＆プアーズ（S&P）五〇〇株価指数、八三年には株価指数の先物・オプション取引を開始するなど勢いづきます。もはや、チーズやバターを取引する商品先物取引所というより金融専門の先物取引所に変貌したと言っても過言ではありませんでした。その後、CMEは二〇〇〇年六月六日、会員投票でCMEの株式会社化を正式に採択。二〇〇二年十二月六日、CMEは米国の先物取引所として最初の株式公開を成し遂げています。

シカゴ大学名誉教授で、一九九〇年にノーベル経済学賞を受賞したマートン・ミラーは、金融先物の誕生にシカゴ学派が果たした役割が大きかったとの考えを披露しています。著書『デリバティブとは何か』で、フリードマンの功績を称えながら、次のように総括しています。

「一九七〇年代前半、第一次ニクソン政権のもと、後に国際金融市場と呼ばれる市場の構築が提案された。当時の財務長官であったジョージ・シュルツをはじめ経済面で政権に対して大きな影響力をもった人物の多くがシカゴ学派であり、またフリードマンの個人的な友人であったという状況が有利に働いた。ブッシュ政権時代のニコラス・ブレイディのような人物が当時の財務長官であったら事態は大きく違っていたであろう。その場合は、たぶんCMEはまだ回答を得られずにいたであろうし、もっとも通貨先物取引はロンドンに逃げてしまったであろう」。

統一先物市場への夢——「グローベックス」が稼働

一九九二年六月二十五日はシカゴの商品取引所にとって画期的な一日になりました。立会い時間後の先物・オプション電子取引システムが稼働したのです。こうしたシステムが金融業界に導入されたのは世界初のことでした。これにより、CMEとCBOTの取引時間が延長され、世界中で取引することが可能になり、世界の先物取引の歴史に新たな一ページが書き加えられることになったのです。

このシステムが「グローベックス」です。コンピュータの端末画面を用いて世界の至るところで二十四時間取引が可能になり、将来的に世界規模での統一先物市場づくりに繋がると期待されました。CME、CBOTに加え、英国ロイター通信（現トムソン・ロイター）がソフト面を担当。シカゴ

グローベックス稼働（1992年6月25日／提供 MK News Inc.）

に管理センターを設置、当初はシカゴ・ニューヨーク・ロンドン・パリの各地の会員会社に備え付けられた端末二百台を通じて売買注文から注文の執行、清算までできる一貫システムとしてスタートしています。CME会員がグローベックス導入に向けた基本方針を承認したのが一九八七年十月六日でした。場立ち取引の継続を主張する人たちをコンピュータ化に同意させるまで五年ほどの月日を要しています。

CME会長のジャック・サンドナーは当時、システム稼働について「シカゴ時間だろうが、ロンドン時間だろうが、東京時間だろうが、今やすべてMERC（CMEの意味）時間である」と述べ、グローベックスの初代会長に就任したリオ・メラメド（CME名誉会長）は「我々は新時代の夜明けを迎えている。シカゴ市場は今や二十四時間サービスを提供できるようになった。

最終的にはグローベックスが世界中の自動金融取引システムのモデルになることを願っている」とコメントしました。

ニクソン・ショック後の外国為替市場の混乱した状況から安定と取引活況による市場への資金流入などに加え、「グローベックス」のような電子取引システムの構築で、先物が効力を発揮することになり、フリードマン理論はそれを裏付ける結果になりました。一方で、市場構造や取引手法などが複雑かつ高度化した現在のように、困ったことにヘッジファンドに代表される投機家の自信は過信へ、そして、マーケット至上主義、万能主義へと彼らを不遜、尊大にさせていくプロローグ（序幕）になったことも見逃せません。

第三章　米ソ「穀物」戦争の勃発

穀物が「武器」に変貌した一九七〇年代

一九七〇年代は、大豆や小麦などの穀物が「武器」に変貌した時代とされています。国際政治で原油や金、穀物が大きなウエートを占めるようになったのも七〇年代の特徴と言えるでしょう。アラブ諸国が武器としての石油に注目したのに対し、米国は国際政治上における穀物の重要性に着目したのです。ところで、「武器」という言葉から「死の商人」を連想する読者が多いかも知れません。もともと米国ですら投機に対する政府の見解は厳しく、例えば、ハリー・トルーマンは、米大統領職にあった一九四六年、相場の乱高下を抑えるため、穀物先物取引を禁止する措置を講じたことがあります。その際、穀物取引の投機家を「不幸の商人」と呼び、蔑んだほどでした。

国際政治上、米国が穀物の有用性に着目したのはニクソン政権のときです。「食糧援助にさらに積極的に『武器』としての役割を担わせようとしたのは、一九六八年のニクソン政権頃からである。その政策決定の権限は、食糧援助を他の外交政策と連繋させる試みに反対する農務省から、ホワイトハウス及び国務省に移されたのである」（斎藤高宏編『国際政治不安のなかの食糧貿易』）との指摘もあります。この背景には、異常気象からの世界的な穀物不作による供給不安が広がったことがありました。当時、ソ連、中国の共産主義国家では首脳部が食糧問題で頭を抱えることがしばしばで、何とか安定的に穀物を調達できないかに腐心しました。こうした情報をキャッチした米国は穀物を政治・外交上の武器として使用することができないか検討を始めます。と同時に、オイル・ショック（石油危機）以降、貿易赤字解消のため経済政策上の戦略として、産油国パワーに対抗するための政治外交上の手段として穀物を利用しようと考えたのです。そのための戦略構築を急ぐことになります。米国がそうした考えに至ったのも、ある経済事件が発覚したからでした。その出来事とは――

ソ連による「穀物奪取」事件が発覚

一九七二年のソ連による「穀物奪取」事件です。これは「ソ連政府が秘密裏に安値でアメリカ穀物を買い占めた事件であり、その結果アメリカの消費者は穀物相場の暴騰により、高い食料品を買わされる羽目になるという前代未聞の事件」（石川博友著『穀物メジャー』）というものです。

事の真相は、以下の通りです。当時、ソ連では穀物生産が歴史的な大凶作になり、クレムリン首脳部は頭を悩ませていました。そんななか、一九七二年六月、ソ連の穀物公団総裁ニコライ・ベルオーゾフ一行らが極秘にワシントンを訪問します。訪米の目的はコンチネンタル・グレインなど穀物メジャー幹部らと会い、穀物輸入交渉を行うためです。米国がこの事実を摑んだとき、ソ連は既に穀物メジャーから小麦七五〇〇万トン、飼料用トウモロコシ四五〇〇万トン、計一二〇〇〇万トンという大量の買い付けを終えていました。当時の米国の年間穀物総輸出量のおよそ三分の一に相当する量だったことを考えると、この数字がいかに大きかったかが分かります。同年七月に再度、訪米した穀物公団総裁のベルオーゾフは、それまでの契約分にさらに七百万トンの追加分を上乗せし、計一九〇〇〇万トンの契約締結に成功しました。つまり、七二年の米国の対ソ穀物輸出量は全体の約五三%を占めたことになります。金額ベースで一一億ドルに上りました。小麦価格でみると、ソ連が大量買い付けを開始したときに「一トン＝六二ドルだったが、二年後の七四年には一トン＝二二六ドルまで跳ね上がった。二年間で小麦の国際価格が三・七倍になってしまったわけである」(浅井隆＋戦略経済研究所編『食糧パニック』)。

当時の穀物価格の高騰ぶりについて、ボブ・タマーキンは次のように表現しています。「まさに需給を無視した相場の動きになった。コモディティ相場への熱狂はデモイン(アイオワ州)の歯科医からニューヨークの精神分析学者、マイアミの建設業者、ロサンゼルスの理容師に至るまで、あらゆる人たちを釘付けにした」(*The New Gatsbys*)。また、ダン・モーガンは、一九七二年の穀物奪取事件を「その翌年のＯＰＥＣ(石油輸出国機構)の石油輸出禁止や、一世紀前の穀物法撤廃と同様に世界を一変させたといっても過言でないほどの経済的な大事件の一つだった」(『巨大穀物商社』)と位置付けています。

穀物メジャーの存在が明るみに

ソ連に対する大量の穀物輸出が判明したことは、この商談を取り仕切った穀物メジャーの存在を世の中に知らしめる結果になりました。当時、米系のコンチネンタル・グレイン、カーギル、クック、オランダ系のブンゲ、フランス系のルイ・ドレフェス、スイス系のアンドレ・ガーナックが六大穀物商社として世界の穀物市場を牛耳っていました。その後、米国での農業不振が続くなか、ハント一族との大豆仕手戦に敗れたクック・インダストリーズ社が、投機失敗による損失拡大が致命傷になり、結果的に倒産に追い込まれました。一九七九年のことです。

一九八〇年代に入ると、業界再編が加速し、ADM(アーチャー・ダニエルズ・ミッドランド)、コナグラなどの新興企業も穀物ビジネスに参入するようになります。一九九八年には、カーギルがコンチネンタル・グレインの穀物部門を買収、コンチネンタルは畜産事業に専念することになりました。この結果、穀物メジャーは現在、カーギル、ブンゲ、ADM、コナグラの四社(米ガビロンを加え五大メジャーと言われることもあります)に集約されています。

ところで、一九七一年六月十一日、ニクソン政権はソ連と中国に対する穀物輸出の許可制と、ケネディ政権時代に決定した船積み規定の撤廃を発表しています。ダン・モーガンは前掲書でこう分析しています。「アメリカ及び国際収支の赤字を埋め、ドルを強化する必要にかられたからとはいえ、政府が共産主義国への穀物輸出にあらゆる制限を除いてしまったことは、思い切った処置だった。それは、工業技術の輸出を、他の分野でのソ連譲歩と結びつけたニクソン＝キッシンジャーの政策とは矛盾するものであった。（中略）だが、事の成り行きを密接に追ってきたキッシンジャーには、この先、ソ連とのいかなる外交的話し合いにおいても、穀物は決定的なとまではいかなくとも、きわめて重要な駆け引きの切り札になるだろうと思われた」。

こうした政策は、キッシンジャー特別補佐官（後に国務長官）のソ連とのデタント（緊張緩和）戦略で、米政府がソ連との通商の道を開く政策を探っていたことを意味しています。七二年七月には、米国はソ連との間に七億五千万ドルの借款協定を結ぶことを発表しました。「借款は穀物の買い付けのみに限定。初年度は二億ドルを限度とするという条件付きで、カネの使い方でソ連の穀物買い付け状況が手にとるようにわかるはずだった」（日本経済新聞社編『先物王国シカゴ』）のですが、繰り返すように、ソ連はこのとき既に穀物メジャーからの買い付けを終了していました。米国にとっては、面子を潰された上、後の祭りになってしまったのです。

米国の誤算は、ソ連での穀物作況を判断し損ねたことでした。つまり、小麦はソ連の中心的な農産物であり、しかも当時の経済相互援助会議（COMECON）加盟国に輸出していたので、小麦不足を予知することができなかったのです。大島清は著書『食糧と農業を考える』で「農業はソ連経済の〝アキレス腱〟とか〝泣きどころ〟といわれる。人口の多い、しかも国民の食事内容の向上しつつあるソ連が――その向上を保障しなければ政治の運営が困難になってきたソ連が――七〇年代にはいって食糧の輸出国から輸入国に転じたことは、世界の食糧需給にとって重大な意味をもつことになる」と指摘しました。このように、ソ連の穀物需給の不安定さによって、米国が穀物を「武器」に活用する大きなきっかけに繋がったとも言えるのです。

大統領からダイレクト・コール

穀物を威力ある武器にするためにも、米政府は穀物関連データの収集、分析作業を急ぎます。それにはまず、自国の穀物生産状況、見通しなどを的確に分析・判断することが先決でした。そのため、政府関係機関だけでなく、民間調査機関などありとあらゆる機関・団体から情報を集めようと躍起になりました。一九九〇年代半ば、CBOTビル別館にオフィスを構えるコンラッド・レスリーを訪ね、筆者が彼にインタビューした際、これを裏付ける、あるエピソードを紹介してくれました。レスリーは〝穀物需給予想の神様〟と呼ばれていた穀物アナリストです。一九七二年のある日のことでした。レスリーのオフィスに一本の電話がかかってきました。

「ニクソンだが……」

「ニクソン？　私の知っているニクソンという名前は合衆国大統領しかいないが……」

「その合衆国大統領のニクソンだよ」

レスリーは驚くとともに、なぜ自分に現職の大統領からダイレクト・コールがかかってきたのか

コンラッド・レスリー（提供 MK News Inc.）

を訝ったといいます。大統領は電話口で、米国政府が穀物政策を決定するに際し、レスリーが発行する穀物需給に関するニュースレター『レスリー・レポート』が大変役立ったと、礼を述べたそうです。レスリーは「まさか大統領からじきじきに電話をもらえるなんて思いもしなかったよ。自分のやっていることが少しでも役立ったことが嬉しかった」などと語っています。

ちなみに、『レスリー・レポート』とは、レスリーと彼の妻、シンシアが全米三千の穀物エレベーター関係者を対象に、作柄・生産見通しをハガキで答えてもらうというシンプルな形式で、集まったハガキの整理を夫婦で行い、過去にわたるデータを組み合わせて生産高見通しなど独自分析した数字を米農務省（ＵＳＤＡ）が発表する前に公表するというものです。当時、米農務省も九万件に及ぶ農家を対象に独自調査を手掛けていますが、実際に米農務省が発表する穀物の生産高見通しと『レスリー・レポート』の数字とに大差がないため、生産者だけでなく投機家もこのレポートの結果に注意を払わざるを得なくなりました。

レスリーは、生産者である農家でなく、穀物エレベーター業者に目を付けました。調査を実施する上で、そこが米農務省との違いでした。レスリーは、筆者とのインタビューで「エレベーター業者は、銀行などから融資を考える場合、貯蔵する穀物の数量を調整するために、一カ月単位で作況を把握しておく必要がある。そのため、エレベーター業者は農家に出向き、自らの目で作柄や生産高見通しを確認する。彼らにもプロフェッショナルとしてプライドがあったんだろうね。いい加減な数字を提供することはなかった」と振り返っていました。

穀物禁輸を疑問視する声も

一九七三年六月、ニクソン政権はさらに思い切った政策を打ち出しました。米政府は突然、輸入国に対する事前通告なしに、あらゆる国に対して大豆その他油糧種子製品の輸出を禁止する旨を表明したのです。ただし、既に契約済みの大豆のうち未決済分の五〇%は輸出を許可しています。米政府に同調するように、一大生産国であるブラジルをはじめ主要輸出国も輸出制限措置を取ることになりました。米国がこのような禁輸措置に踏み切った背景は、前年から続く食品価格の高騰、特に牛肉・卵・牛乳などの値上がりが著しく、米国民の不満と怒りを招いたことが挙げられます。シカゴ大豆相場は一九七二年七月には一ブッシェル当たり三・三〇ドルでしたが、七三年一月には四ドルに、さらに、六月初めには一〇ドルを超す大暴騰を演じました。

ニクソンの後を継いだ大統領ジェラルド・フォードは『フォード回顧録』で、ソ連との穀物取引の難しさについて「伝統的な顧客であるヨーロッパや日本からの買い付けは着実だったのに比べて、ソ連の買い付けがあまりにも予測できないものだったので、彼らは市場を攪乱し、価格の不安定の原因だった」と証言、ソ連の動きによって西側諸国が困惑させられたと述懐しています。そのフォード政権では一九七五年十月、米ソ両国が穀物協定を締結しました。これは、八百万トンまでは事前協議なしに米国からの輸出が可能で、それを超える分については両国間で事前に話し合うというものでした。米国は「世界の食糧倉庫」として穀物を武器に使用し、ソ連にデタントのテンポを早めさせる方針に政策転換していったのです。

ところが、思わぬ出来事が勃発し、状況が一変します。一九七九年十二月二十四日、ソ連軍が突如、アフガニスタンに軍事侵攻を開始します。これによって米ソ間に大きな緊張が走りました。この軍事行動に抗議するため、年明けの八〇年一月四日、当時の米大統領ジミー・カーターは対ソ穀物禁輸の発動に打って出ました。これは、フォード政権時の穀物協定に基づき、既に契約していた二五〇〇万トンのうち八百万トンを引いた一七〇〇万トンの小麦・トウモロコシの船積みは許可しないという措置で、ソ連側にはとても厳しい条件になりました。

カーターは対ソ穀物禁輸の発動にあたり、その心の揺れ動きについて『カーター回顧録』で振り返っています。「私は一九七六年の大統領選挙戦で、アメリカの安全に関わらない限り穀物禁輸はしない、と約束した。農民たちは、私がいかなる状況のもとでも穀物の自由市場には介入しないことを約束した、と受け取っていたろう。また私自身も農民だった。私には政府による補償をともなわない限り、穀物禁輸はアメリカの農業社会に重大な損害をもたらすことがよくわかっていた。在庫はたまり、価格は急激に下落するだろう。禁輸を実施してもそうした事態を阻止する方法がとられなければならないだろう。ソビエトへの穀物禁輸は最も微妙な問題のひとつだった」。

カーターは穀物市場での混乱を避けるため、一月七、八日の二日間、シカゴ穀物市場を閉鎖しました。九日に取引を再開しましたが、寄り付き早々、小麦相場はストップ安（値幅制限いっぱいの下げ）を付け、終日、売り気配一色の展開になりました。米政府は食糧備蓄用などの小麦を最大で四百万トン買い上げると表明していましたが、市場では相場の下値支え要因にすらなりませんでした。

シカゴ穀物市場の反応（相場下落）を、カーターは「大きなショックを私に与えた」と述べています。当時の日記に「はじめ市場の状況は暗たんとしたのだったが、その後トウモロコシも、小麦も、大豆も価格は上昇した。信じられないほどだ！」と記しています。

大統領首席補佐官だったハミルトン・ジョーダンは、カーター政権を去った後、日記の体裁をとった回顧録 *Crisis* を書き残しています。八〇年一月四日付の記録を読むと、外交政策を決定するミーティングで、カーターが次のようなことを述べたと回想しています。要約すると「大統領選で農家に対し、穀物禁輸をしないことを約束したけれども、それは国家の危機を除いてはということで、今、まさに米国は危機を迎えようとしている。禁輸はベストの選択だ、と大統領は述べた」という内容でした。カーターはこの時、最終的に愛国心を煽ることで農民たちからの理解を得られると踏んでいたようです。

カーターは禁輸の効果を上げるため、主要穀物輸出国のカナダ、オーストラリア、アルゼンチンなどに禁輸の共同歩調をとるよう求めました。しかし、実際に蓋を開けてみると、対ソ禁輸に同調したのはカナダ、オーストラリアなど先進国だけで、アルゼンチン、ブラジルはこれに応じることはせず、逆に対ソ輸出を増やすという皮肉な結果になりました。特にアルゼンチンは一九八〇年に小麦・トウモロコシなど計七百万トン強（前年度の実績は二百万トン）をソ連に輸出する契約を締結しました。ブラジルも大豆など計三百万トンの成約に漕ぎ着けたとされています。アルゼンチンが翻した反旗に、カーター政権は同国への武器輸出を全面停止することで対抗手段をとりました。

一方、国内では、売れ残った穀物の処理を巡り、農民たちや穀物メジャーが米政府に補償を求める事態にまで発展しました。面目躍如どころか、逆に米国の失態を世界に知らしめる散々な結果に終わったのです。穀物が武器になる前提について、リチャード・ニクソンは大統領職を退いた後に著した『リアル・ウォー――第三次世界大戦は始まっている』で「小麦その他の穀物の取引も、引き延ばしたり中止したりすることでソ連の行動を正すことも可能である。しかし、貿易制限が政策手段として効果を発揮するには、アメリカの単独行動ではあまり役に立たないという点は認識しておく必要がある。（中略）総合的軍事政策と同様、アメリカおよびその同盟国が、経済戦線においても歩調を合わせることが肝要なのである」と強調しています。同盟国のほか、関係国への根回しを通じて制裁の意図を十分に理解させる工夫や努力が肝要であり、カーター政権にはこうした配慮が欠けていたと、暗に批判しています。

穀物禁輸の効果が薄かったという事実をもって、国際政治上、穀物が武器にはならないとの見方をする専門家もいます。輸入国のソ連からすれば、三百万トン程度の輸入減に止まり、大きな打撃にならなかったというのがその根拠になっています。一方、ソ連側は諸外国からプレミアム付きの高価格の穀物を輸入したため、一〇億ドル分の外貨を余計支払ったと見られています。その意味で、穀物禁輸が全く効果なしと言い切ることはできないでしょう。その後のレーガン政権は、穀物を武器に対ソ連政策の巻き返しを図ることになります。穀物をソ連に「売らない」のではなく、ソ連が「買えない」ないようにするという戦略に出たのですが、これについては次章で取り上げます。ともあれ、七〇年代は外交の切り札として穀物が重要な役割を果たすようになったのです。

二十一世紀に入った現在、地球温暖化の影響からか、世界各地で異常気象が発生しています。農作物の生産に与える影響もこれまで経験したことのないレベルに達し、甚大な被害に繋がることも珍しくなくなりました。異常気象が地球規模の広がりをみせているため、穀物調達先の国を替え、融通しあうことが不可能になる事態も十分に想定されます。安定した供給を図るために、地球規模で組織化された穀物供給体制の構築を考慮しなければならない時代を迎えたと言えます。

ソ連の登場でシカゴ穀物取引が一変

穀物の大口買い付け国になったソ連の国際市場への登場は、シカゴ穀物市場での取引に劇的な変化をもたらすことになりました。筆者はかつて、イリノイ州南部で大豆・トウモロコシの生産者である一軒の農家を訪問したことがあります。この農家は八百エーカーほどの畑を所有していました。見渡す限り、トウモロコシや大豆のフィールドが続いています。筆者の訪問はその年の作柄状況などを視察するためでした。調査を終えて帰ろうとした際に「わが家の宝物を見せてあげよう」と、農家の主人が取り出してきたのは、過去百年にわたるシカゴ地域の天気に関する膨大なデータでした。この農家はこうした気象データをもとに経験則で各年の天候を予想して作付け見通しや収穫作業に役立てていた、と話していました。

しかし、七〇年代以降は、一大生産地であるイリノイやアイオワ、ミシガン、インディアナなど中西部の気象データだけでは相場の動きが摑めなくなりました。「キエフやボルゴグラードの気温や降水量のほうが時には重要になる。穀物の世界ではワシントンといえば農務省あるいは議会の農業委員会のことを指していたが、いまでは国務省の外交政策、ペンタゴン（国防総省）の軍事政策にも目が離せなくなった」（日本経済新聞社編『先物王国シカゴ』）。つまり、穀物市場では穀物需給に関するデータから世界政治、軍事情報の動きまであらゆる分野にわたる情報をいち早く、しかも正確にキャッチすることが必要不可欠になったというわけです。

さらに二十一世紀に入った現在は、穀物の需給関係や国務省、国防総省などの軍事、外交情報などに加えて、米連邦公開市場委員会（FOMC）による量的緩和の実施で、金融緩和によるコモディティ市場への資金流入が加速することなどから、米連邦準備制度理事会（FRB）の金融政策まで関心を払わなければならない時代に突入しました。

モーガンは著書『巨大穀物商社』で「あらゆる種類の穀物の値が政府の支持価格より上がって、市場は完全に商業的な取引となった。今や、アメリカ価格――シカゴ取引所の立会場で大声でつけられる価格――が全世界で通用する価格になった。もはや、アメリカの農作物価格を支える必要はなくなった。アメリカ食糧は最高のドル箱となり、全世界の国々がその得意先となった」と結んでいます。こうして、シカゴの商品取引所での価格が事実上、世界穀物価格の指標になったのです。

第四章　金《ゴールド》——世界に衝撃を与えたニクソン・ショック

「金は通貨でなく、単なるコモディティだ」

「ヘシオドスの『仕事と日々』からは『鉄の種族』が忌み嫌われていたことがわかる。前五世紀のヘロドトスはその著『歴史』で、鉄の発見を人類にとって災厄だと記している。『鉄の時代』の人間はそれ以前の『金の時代』や『銀の時代』の人間たちよりも堕落し、殺伐とした戦乱の時代を送ったと考えられていた。古代ギリシャ世界を理想として始められた近代オリンピックの『金・銀・銅』メダルはこれら古代ギリシャ人の金属の素材や破壊力にまつわる善悪の区別、理想と恐れなどが少なからず、反映されているのではないだろうか」（鶴岡真弓著『黄金と生命——時間と錬金の人類史』）

——大変興味深い見解ですが、本章では、人類とかかわりの深い貴金属、特に一九七〇年代に基軸

通貨ドルと金《ゴールド》が国際政治上で与えた影響について取り上げます。

一九四四年七月、ブレトン・ウッズ協定が締結されました。これは、米ニューハンプシャー州のマウント・ワシントン・ホテルに連合国四四カ国の代表が集まって開催された国際通貨会議です。この会議は、一九二九年のウォール街株価暴落から世界に広がった大恐慌とともに、金本位制の崩壊が決定的になったことがきっかけで開催されました。英国は一九三一年、ポンドの金兌換を停止、三三年には米国も金本位制を停止、三六年にはフランスまでもが金兌換停止に追い込まれ、新たな国際通貨制度の確立が声高に叫ばれていた時期でもありました。ブレトン・ウッズでの議題は為替相場を固定し、対外均衡を図る経済運営を目指すというものでした。会議の名称は、開催地のブレトン・ウッズに由来します。英国からは経済学者のジョン・メイナード・ケインズが代表として参加しています。

この会議では、各国通貨の為替相場を対ドルで固定、ドルを一トロイオンス当たり三五ドルの金《ゴールド》と交換することを可能にする制度が合意されました。日本円は一ドル＝三六〇円でしたが、これは三五ドルを金一トロイオンスに交換できるという計算に基づいています。当時、米国は世界の公的金保有の七三％を備蓄していました。第二次世界大戦後の金本位制は、米国の独占的な金保有を背景に再建されたのです。

一九六三年、テキサス州ダラスで暗殺されたジョン・F・ケネディの後継者になった大統領、リンドン・ジョンソンは六四年以降、ベトナム戦争を拡大させたため、それにともないドルが海外に大量にばら撒かれることに繋がりました。第二次世界大戦後、戦勝国も敗戦国も対外資産の流出が起こり、世界はドル不足の時代が続きます。一方、ベトナム戦争に加え、米ソを中心とした冷戦の発生で米国は多大な軍事支出を強いられることになり、米国からの対外民間投資が増加するにともなって「ドル過剰」の状態になってきたことも事実でした。ドルの信認が低下すると、当然のことながらドルと金を交換したいという国々が増えます。公定価格で二万トン超の金を保有していた米国でしたが、換金の増加で六〇年代後半には約八八〇〇トンまで減少しました。

そのような状況下、一九六九年一月二十日にリチャード・ニクソンが第三七代米国大統領に就任します。同年七月以降、ニクソンは、ベトナム戦争での米軍地上部隊を漸次撤兵させていきましたが「ドルの金平価切下げのうわさは絶えず、アメリカからの金やドルの流出は増加する一方だった」(鯖田豊之著『金(ゴールド)が語る20世紀』)。ドルや金の流出を防ぐべく、ニクソン政権はその対策を講じる必要性に駆られました。

一九七一年八月十五日午後九時(現地時間)、日本時間の八月十六日午前十時——その発表はあまりにも唐突でした。米大統領のニクソンは全世界に向けて「ドルと金《ゴールド》の交換停止」を一方的に宣言したのです。いわゆるニクソン・ショックです。「国際収支の不均衡を改善する最も効果的な方法はタイムリーな為替レートの変更であり、他の手段に従うべきでない」とする前年に提出された国際貿易投資委員会の報告に基づき、ニクソンは金廃貨論を唱え始めます。つまり、「金は通貨でなく、単なるコモディティ（市況商品）である」と主張するようになったのです。ドルと金の交換停止は、強制的な物価賃金統制を目指す動きの一部をなしていました。

固定相場制から変動相場制へ

七一年八月十三日から二日間、キャンプ・デービッドに集ったのはニクソン以下一六人です。会議の内容が漏れないよう、いかに秘密を保持することに注意が払われたのかが分かります。このキャンプ・デービッドでの会議について、一九六九年から七四年まで米大統領経済諮問委員会（CEA）委員及び委員長を歴任したハーバート・スタインは著書『大統領の経済学』で「経済政策の歴史の中でもっとも興味深くかつ劇的な出来事の一つであった」と回想しています。この発表は国際通貨基金（IMF）や日本、西側諸国に事前通告されなかったため、外国為替市場は文字通りパニックに見舞われました。

リチャード・ニクソン

ニクソン・ショックは、ドルが金《ゴールド》から解放されたことを意味します。もはや、海外が保有するドルを金に交換する必要がなくなり、金との兌換平価は通貨政策上意味がなくなったということでした。その後に固定相場制から変動相場制へと国際通貨体制が変わるきっかけになったことは言うまでもありません。ニクソン・ショックの意味について、国際政治学者の高坂正堯はその著『現代の国際政治』で「これまでの国際経済制度に終止符を打ち、アメリカの国益をまず守るという態度で国際的相互依存体制の維持・運営を考え直すことの宣言であった。アメリカが単独で国際的相互依存体制を支える時代は終わったのである」と指摘しています。

一九七一年十二月十八日、スミソニアン協定でドルと各国通貨の交換レートが改定され、日本円は一ドル三六〇円から三〇八円になりました。しかし、この水準も維持することが困難で、日本は七三年二月、変動相場制へ移行します。翌三月には欧州共同体（ＥＣ）も固定相場制を放棄、スミソニアン体制の事実上の崩壊に繋がりました。一九七五年十一月の主要国首脳会議（ランブイエ・サミット）で、変動相場制について通貨当局の介入を条件にすることが承認されます。さらに、七六年にジャマイカのキングストンで開催された国際通貨基金（ＩＭＦ）暫定委員会で、変動相場制が世界公認の通貨制度として認められました。ニクソン・ショックから新たな投機の時代が始まったとも言い換えられるでしょう。「独り勝ち経済再現と『失われた金の再備蓄』は将来それが実現されたときに、再現された独り勝ち政策を永続化する手段という関係にある」（高橋靖夫著『金の魅力　金の魔力』）というのが、ニクソンの戦略的な狙いだったとみられています。

また、この政策に踏み切った背景について「トリレンマ（インフレ・不況・国際収支悪化）に悩む深刻な経済情勢を前にして、なんであれ、ここで思い切った手を打たない以上、翌七二年秋の大統領選挙に再選される望みがないと判断したニクソンは（中略）国民の目をくらますため起死回生の大芝居を打ったのである。しかし、一方で各国の協力を呼びかけながら、強い反発を招くに至り、その後の通貨交渉を深い混迷に陥れた」（加瀬正一著『国際通貨危機』）との指摘もありますが、選挙対策だけでなく、米国の威信回復を視野に入れての措置だったことに相違ありません。ただ、米国政府の要請で金とドルとの交換を自制してきた日本や西ドイツなど西側諸国にとってはまさに寝耳に水のことで、これがきっかけになって米国との関係悪化を助長するとの懸念が広がったのも事実でした。

ニクソンが声明を読み上げた日曜夜、週明けを迎えた日本では既に外国為替市場が開いていました。金《ゴールド》の裏付けがなくなったことで、ドルは当然のことながら売り一色の展開になります。欧州諸国と異なり、日本では自国通貨建ての対外取引が少なく、ほとんどがドルであったことや、市場閉鎖後に再開する際、円の切り上げに繋がるとの見方から欧州側の非難が集中するなか、日本では八月二十七日まで市場をオープンし、取引を続行したのです。

当時、大蔵省（現財務省）で通貨政策に携わっていた行天豊雄は、元財務長官ポール・ボルカーとの共著『富の興亡』で、そのときの様子を詳しく述べています。多少長くなりますが、貴重な証言なので以下、引用します。

「日本中が仰天するほど、それは大きな出来事であった。市場ではドル売りが殺到、大蔵省では緊急会議が開かれたが意見は大きく分かれた。市場をすぐに閉鎖し、ドル買いを停止すべきだと主張する者と、市場を開けておくべきだとする者の間で、白熱した議論がたたかわされた。（中略）結局、市場を開けておくことを主張する者の方が多数を占め、われわれは三六〇円の相場でドルを買い続けた。米国財務省と米政府の本当の意図について日本サイドに重大な判断ミスがあったのは確かだ。ジョンソン大統領とニクソン大統領が米国はドルを切り下げることはないと繰り返し誓ってきたので、日本はすっかり二人を信じ込んでしまっていた。日本国民はあまりにナイーブすぎたのだ。コナリー財務長官もわずか数カ月前に同じことを繰り返したばかりであった。それゆえ、われわれは米国の真の目的はドルを切り下げることにあるのではなくて、ドルを金から切り離し、ドル価格をできるだけ速やかに安定させることにあるのだと考えた。われわれは三六〇円の平価でドルを支えることが、米国の利益にも合致することであり、協調的行動とみなしてもらえるであろうと信じていた。それゆえ、日本銀行は一ドル＝三六〇円でドルを買い続け、その購入額は二週間で約四〇億ドルに達した。日本の同月初めの公的準備は八〇億ドル弱であったから、ほぼ五〇％の残高増ということになる。八月二十八日になって、われわれはついに買い支えを放棄、市場再開にあたっては円を変動させることにした」。

財務次官だったボルカーは当時、財務長官ジョン・コナリーの要請で、金に関する計画を盛り込んだ大統領のスピーチ原稿の作成に携わったといいます。ボルカーは「それは金融市場を落ち着かせ、かつ各国中銀を安心させることを狙ったものであり、為替相場の切り下げ時の典型的なスピーチであったと思っている。国内的節度を守り、インフレを抑制し、国際通貨制度を改革かつ改善するという約束とともに、義務を負う者としての自省を示す項目も含まれていた。しかし技術的にいくつかの点を除いてそれらはまったく日の目をみることはなかった」(『富の興亡』)と証言しています。実際の大統領スピーチを聞いて、ドルと金との交換を停止した大胆な計画に様変わりしていたことにボルカーは驚嘆し、次のように回想しています。

「八月十五日の日曜日の夜になされたスピーチで、私は老獪な政治家の手腕というものをつくづくと思い知らされた」。

自由金市場ロンドン

米国は一九三四年一月、「金準備法」を制定しました。これによって金一トロイオンス当たり二〇・六七ドルが同三五ドルに引き上げられることになります。三四年一月末から第二次世界大戦に至る間は米国に海外から金の大量流入が続きます。こうした現象は欧州の政情不安から米国への資本逃避が大規模に発生したことを意味していますが、米国製品の輸出超過もこれに拍車をかける結果になりました。「当時の全世界の通貨当局金保有高を仮に約三百億ドルと推定すると、その約七割がアメリカ当局の手に集中させたことになる」(三宅義夫著『金』)といいます。

ところで、第二次世界大戦の開始とともに閉鎖に追い込まれたロンドン金市場でしたが、一九五四年三月、金(現物)取引が再開されました。再開に踏み切った背景として、英国は金取引の伝統を復活することで金融街シティの機能を拡充するとともに、当時、世界の新産金の八割を独占するといわれていた南アフリカ共和国に信頼しうる市場を提供することで、金取引の支配権を握ろうとしていたためとされています。金の支配権を巡る米英の闘いが始まったのです。ロンドン市場は戦前戦後を通じて世界最大規模の自由金市場です。これを形成したのは、イギリス為替管理法に基づいてイングランド銀行から公認された銀行として金の取引業者になっているロスチャイルドとサムエル・モンターグの二社と、金の精錬ないし売買を業としているモカッタ・ゴールドシュミット、ジョンソン・マッセイ、シャープス・ピックスレーの三社の合計五社でした。ロンドン現物市場は一六六六年創設という伝統を有し、ロスチャイルド銀行本店の「黄金の間」に五大貴金属商（実際は金融機関）が午前と午後の二回集まり、フィクシング（値決め）を行ってきました。しかし、ロスチャイルドが値付け業務から撤退したのを受けて、二〇〇四年五月から顧客の注文を金融機関五社間の電話取引に変更されました。これを構成するのは現在、バークレイズ銀行、ドイツ銀行、スコシア・モカッタ、ＨＳＢＣ銀行ＵＳＡ、ソシエテ・ジェネラルの五社です。

一九五八年に米国の国際収支の悪化が顕著になり、これ以後も毎年多額の赤字を出すことになります。西側諸国におけるドル保有高の大幅な増加にともない、米国では大戦後空前の規模で金の流出が起きたのです。一九五八年から一九六六年末までの九年間に流出額は九四億二二〇〇万ドルに及んだとされています。そして、一九六〇年十月にはロンドン金市場で一トロイオンス当たり四〇ドルの高値を付け、ドル危機が表面化することになります。米国の国際収支の赤字が大きく膨らんだことに加え、西側諸国が保有するドルを金に換える動きが加速したこと、アフリカのコンゴ動乱やヨルダン首相暗殺事件など中東情勢の不透明感が相場上昇の要因として挙げられます。また、米国の金保有量の減少率も注目されました。ドイツやスイスが自国への外貨流入を抑制する措置を取り、その資金が金に置き換えられたことも金相場の支援材料として働きました。

一九六〇年代に入ると、通貨危機がますます増幅されるようになります。市場の力によって金の「二重価格制」という人為的なシステムに移行せざるを得なくなります。金プール制と呼ばれるものです。しかし、これは効力を発揮しませんでした。高橋靖夫は著書『金――新時代への架け橋』で「各国の政府はそれぞれの国の公的保有金を融通し合って『金プール』をつくり、その金で投機筋の動きを抑えようとしたのですが、一時的に小康状態は保てても、制度そのものの内に高まりつつあった矛盾は押さえがたく、金プールという対症療法は破綻してしまったのです」と指摘。一九六八年にはベトナム戦争が泥沼の様相を呈します。皮肉なことにこの年、米国経済は戦後の最盛期を迎えました。工業生産高は世界全体の三分の一以上を占めたほどでした。と同時に、ベトナム戦争での出費が嵩み、米国経済が衰退の道を歩み出したのも事実でした。これを契機に基軸通貨としてのドルの不安定化が一層加速されることになりました。「一九五八年から七一年まで合衆国の金保有高は毎年減少し、一九〇億ドルから一〇〇億ドルに落ち込んだ」（鬼塚英昭著『金の値段の裏のウラ』）と、米国経済は未曾有の危機に直面することになります。

金価格の指標性がロンドンからニューヨークへ

こうしたなか、世紀のスキャンダル「ウォーターゲート事件」によって大統領のニクソンが失脚します。一九七四年八月八日、ニクソンはテレビ演説し、事件の責任を取って、翌日に辞任することを発表しました。この事件は、共和党のニクソン政権時に野党民主党本部のウォーターゲート・ビルに何者かが盗聴器を仕掛けようと侵入。当初、ニクソンやホワイトハウス関係者は政権の関与を否定していましたが、メディアの調査報道によってその関与が白日のもとに晒されたと同時に、捜査妨害が明白になったため、ニクソンの辞任は不可避になったのです。現職大統領が任期途中に辞任するのは、米国政治史上初めてのことでした。ニクソン疑惑が連日メディアで報じられるなか、ある法案が成立します。副大統領から昇格した新大統領、ジェラルド・フォードが最初に署名した法案で、七四年七月に提出された「金所有の自由化」に関するものでした。これは、一九三三年に民主党の大統領フランクリン・ルーズベルトが金本位制を廃止するとともに、金の国有化政策を実施してから約四〇年ぶりの政策転換です。

米国は次の布石を打ちます。国民による金保有は一九七五年一月一日から実施されましたが、実はその前日、年の瀬も押し迫った七四年十二月三十一日、ニューヨークの商品取引所（COMEX）で金先物が新規上場され、取引が開始したのです。「これは偶然の一致ではない。通貨マフィアがはっきりと目標を定めて、ある戦争を開始したのである。兵器は先物という名の金《ゴールド》である」（『金の値段の裏のウラ』)。ここで注目すべきは、金の現物でなく先物市場の創設ということです。米国がロンドンの金現物市場に対抗し、先物市場を開設することでロンドンから金の価格決定権を奪い取ろうとした狙いがあったのは明白です。なぜなら、価格決定権を確保できなければ、米国に有利な運用が不可能になるからです。

では、なぜ現物でなく先物だったのでしょうか——ロンドンという伝統ある自由金市場に対し、同じ現物市場という土俵で勝つためには、ロンドン市場に勝る大量の金の現物か巨額の資金投入が必要になります。一方、先物市場での取引高が現物市場の取引高を凌駕するようになると、ロンドンよりニューヨークが高い価格指標性を持つようになります。そのためには、出来高(ボリューム)の増加が必要になりました。米国の狙いは見事的中します。上場してから六年後、COMEXでの出来高は二万四千トン強まで膨らんだのです。これは、当時の共産国を除く自由世界の年間産金量一千トンの二四年分に相当するものでした。米国は先物市場というツールやシステムを最大限に活用することで、非常に安いコストで世界の金価格を支配する力を有するようになりました。

こうして米国は「石油」「金」「ドル」を武器にして世界市場でのプレゼンスを増してゆくことになります。米国の戦略は歴史を理解する大きな手掛かりを私たちに与えてくれるとして、前出の高橋靖夫は次のように強調しています。「七〇年代、八〇年代、九〇年代と時代が進むにしたがって、この三つの武器が火薬や大砲といった実物の武器以上の力を持つようになってきたのです」。

金本位制復帰の動き

ニクソン・ショックが「ドルと米国の覇権終焉の始まり」とする見方は、これまで多くの専門家が指摘してきたところです。しかし、実際は金との兌換が停止された後も各国がドル保有を続けたことは、今や歴史が証明しています。米国が国家の危機に瀕した場合、自ら政策を突然変更しうるという点も見逃せません。政策変更とは、金本位制への復帰というシナリオです。これまでにもそうしたポーズを見せようとしたことがありました。

一九八一年六月、米国で金委員会が発足します。当時の大統領は、ロナルド・レーガンでしたが、金本位制への復帰をすべきかどうかを同委員会で検討したことがあります。一七人の委員（内訳は財務長官、上院議員二人、下院議員四人、連邦制度理事三人、大統領経済諮問委員二人、学識経験者四人）のうち九人が反対、わずか一票差で否決されました。その後も金本位制に関する要人の発言が相次いでいます。

一九八二年十二月には、財務長官のドナルド・T・リーガンが先進五カ国蔵相会議で金本位制と固定相場制への復帰を含めた通貨制度の改革を提唱しています。一九九五年二月には、米連邦準備制度理事会（FRB）議長のアラン・グリーンスパンが議会証言で、個人的見解と断った上で「金本位制にすることが望ましい」と発言するなど、金本位制復帰に関する具体的な言動が目立っています。

このように様々な局面で金本位制に関する発言が相次いでいますが、レーガン政権当時、金本位制に復帰することを大統領自身、真剣に考えてはいなかったというのも通説になっています。もし、金委員会でこれを可決したかったのであれば、金本位制復帰に賛成する有識者らをメンバーに選出すればよかったからです。また、当時は第二次石油危機で原油価格が高騰し、インフレが加速していました。高金利に加え、金価格も当時の史上最高値を更新するなど、金本位制を復活させる経済環境になかったというのが実際でした。

さらに、悪化の一途を辿るソ連の経済状況も金本位制回帰の動きにストップをかける要因になったとされています。当時のソ連は、穀物調達費の捻出やポーランドなどへの援助で資金繰りが悪化、一九八二年末までに対西側債務総額が現行水準より三〇億ドル増加、計二二〇億ドルに達するとの見通しで、外貨獲得のため金、原油、ダイヤモンドなどの物資を売却しなければならない状況に追い込まれていました。こうしたなか、レーガン政権が金本位制の実施に踏み切れば、金保有量世界一の米国に有利に働くことはもちろんですが、同時に、金相場の暴騰に繋がることで世界トップレベルの金生産国であるソ連を再生させてしまうかも知れないとの懸念も広がっていました。このため、レーガン政権は穀物を最終手段として温存していたとの見方が成立します。高金利政策を徹底させることでソ連の外貨獲得を封じ込め、金価格の暴騰で得た資金での穀物調達の道を閉ざそうとの意図がはっきりとしていました。これは投資家に金やダイヤモンド、株式を売らせて米国債やドル買いに向かわせる、それによりソ連の外貨獲得を閉ざす、という米国の世界戦略の一つとみてよいでしょう。穀物を完全な武器に利用し得なかったカーター政権の判断ミスを、レーガン政権が穀物を担保に挽回する格好になりました。結果として、ソ連は年間一四〇〇億ドルとされる軍事予算の削減しか方法がなくなり、後に米国は核軍縮交渉などのテーブルにソ連を誘い出すことに繋がっていったのです。

ニクソン・ショックから四〇年の二〇一一年夏、米国で非営利組織が金本位制の復活を訴える集会を開きました。この集いには、米国議会の有力議員たちが参加し、基軸通貨ドルの価値低下に大きな懸念を表明しました。米国の覇権を取り戻そう――金本位制復活の議論が今後、本格化してきそうな気配です。米格付け会社のスタンダード・アンド・プアーズ（S&P）が米国債の長期格付けを最上位のトリプルAからダブルAプラスに一段階格下げした「債券ショック」を背景に、ニューヨーク市場では金先物価格が連日の最高値更新を続けています。二〇一一年八月には一トロイオンス当たり一九〇〇ドルを超えるなど異常な高騰ぶりを見せています。米国政府や金融当局の動向をこれまで以上に注視する必要があるとともに、経済状況によっては金本位制の復活を期待する関係者も現れるかも知れません。こうした声が大きくなるのは、最近のドルの信認低下で金がドルの信用を裏付けるとの見方からですが、ニクソン・ショック以後、ドルの流通量が大幅に増加した一方、金の生産量はほとんど増えていませんので、現実的には金は裏付けにならないとみるほうが常識的な判断だと言えそうです。

筆者がシカゴに駐在していた時まで時計の針を巻き戻します。一九九四年四月のことでした。カレンダー上では春を迎えたとは言え、まだまだ寒さの厳しい日が続くシカゴでは、コートやジャンパーなど防寒具が手放せません。筆者はコートを羽織り、いつものようにダウンタウンにあるオフィスに出社しました。通勤途中、バスの中でタブロイド紙『シカゴ・サンタイムズ』を広げる黒人男性の乗客を見かけました。その新聞にふと目をやると、フロント・ページに大きな見出し――「NIXSON DEEP COMA」（ニクソンが昏睡状態）――が躍っていました。それから間もない四月二十二日、ニクソンは永遠の眠りにつきます。栄光と挫折――波乱に満ちた八一年の生涯でした。

二十世紀後半、金《ゴールド》や原油、穀物など「戦略物資」を「市況商品」に変貌させるきっかけをつくり出した張本人のニクソンは、ヘッジファンドなどの投機マネーで乱高下を繰り返す現在の金融・コモディティ市場の様相を予見でもしていたのでしょうか。大統領職を退いた後、「ニクソン・ショック」を総括する如く、ドルの下落について著書『リアル・ウォー――第三次世界大戦は始まっている』で言及しています。

「ドルがこのまま低落を続けるなら、国際貿易は推測ゲームに堕してしまうだろう。世界の金融市場は投機家のみが幅を利かせ、実業家は苦しむという場所になり果ててしまうに違いない」。

第五章　OPECから原油価格の決定権を奪取した米国

石油メジャーからOPEC支配の時代へ

ポール・ロバーツは著書『石油の終焉』で、次のように述べています。「石油は事実上、二十世紀における随一の燃料だった。石炭も暖房や発電の分野で大きなシェアを維持したが、石油のように政治的・経済的な重要性をもつことも、地政学上の駆け引きに使われる世界初の商品として花形的地位を確立することもなかった。（中略）この新しいエネルギー秩序の頂点に立ったのがアメリカだった」――米国が価格決定権を奪取したのは金《ゴールド》や穀物だけでなく、原油市場でも同様でした。そして、基軸通貨ドルを背景に原油価格の決定権を握ったことは、二十世紀の米国が唯一の超大国として存続できた証しでもあるのです。

第一次世界大戦中、日本や英国は原油輸入の大半を米国のスタンダード・オイルに依存していました。一九一一年、シャーマン反トラスト法によって、スタンダード・オイルはニュージャージー・スタンダード、カリフォルニア・スタンダード、ニューヨーク・スタンダードの三社に分割されることになりますが、それによって新興石油企業が進出する道筋をつけることに繋がりました。その結果として、石油製品の販売合戦やダンピング競争が激しく展開されるようになります。こうした競争はメジャーと呼ばれる国際石油資本にとって好ましいことではありませんでした。シェルの呼びかけで石油メジャーの首脳たちがスコットランドのアクナキャリー城に集まり、競争を制限するための契約を交わします。一九二八年のことでした。場所名をとって「アクナキャリー協定」と呼ばれるこの契約は、事実上メジャーが石油カルテルに変貌し、石油価格支配権を握ったことを意味しました。この協定の内容は、第二次世界大戦後に明らかにされますが、当時は公表されず、秘密裏に事を進めていたことが判明しています。

世界で初めて米国で商業油田が開始されたのは一八五九年です。それから一五〇年の間、原油価格を巡る主導権争いには多くの変遷があります。一九七三年の第一次石油ショックまでの間は、メジャーが国際石油市場を支配していました。当時の原油価格は一バレル三ドルで固定されていたため、日本や欧州などの先進国は安定的に経済成長を果たすことができたのです。石油ショックの後、石油輸出国機構（ＯＰＥＣ）が台頭するまで、世界の石油供給はメジャーのエクソン、ソーカル、モービル、ガルフ、テキサコの米系五社と英国系のBP（ブリティシュ・ペトロリアム）、英蘭系のロイヤル・ダッチ・シェルの計七社が半世紀以上にわたり牛耳ってきました。これら七社は市場での影響力の大きさから「セブン・シスターズ（七姉妹）」と呼ばれています。「一九七三年当時でこの七大メジャーは原油生産で世界の五五％、石油精製で五三％、製品販売で五六％を占め、年間売上高は一千億ドルを突破していた」（馬場崇著『アメリカの石油戦略と安全保障』）。つまり、セブン・シスターズで世界の原油価格や供給量を事実上決定していたことになります。

一九四〇年代に入ると、旺盛なエネルギー需要に供給が追い付かず、米国は原油の純輸入国に転落しました。米国に替わり、原油の供給者になったのが中東産油国でした。当時、西ヨーロッパは原油の大消費地で、五〇年代末には輸入に占める中東産原油の比率は八〇％を超えるほどになります。メジャーによる石油支配に産油国が満足するはずはありません。一九四〇年以降、南米ベネズエラを筆頭に産油国側は石油産業に対し所得税制を導入、付加税の制定などにより、原油に関係する利益を産油国政府と石油メジャーなどが折半することになりました。課税に際し、算定基準になった原油輸出価格の公示制度は、後のOSP（政府公式販売価格＝一九七四年十一月に採用）の公示に引き継がれていくことになります。

一九五九年、中東産油国は第一回アラブ石油会議をエジプトのカイロで開催します。ここでは、メジャーが原油価格の引き下げを実施する場合は、事前に中東産油国の意向を聞くことが決議されました。しかし、メジャーは事実上、これを無視する態度を取ります。そんななか、一九六〇年八月九日、米国の石油業界に亀裂を生む事件が発生しました。イタリアがソ連の低価格原油を欧州向けに採用、これに対抗する目的で、エクソン会長のモンロー・ラズボーンが一方的に中東産原油と製品の公示価格を引き下げると発表したのです。公示価格とは、産油国からの買い取り価格なので、サウジアラビアやイランのような産油国の収入を激減させることに繋がりました。

OPEC結成へ

このような石油メジャーの言わば、やりたい放題の姿勢に産油国側のフラストレーションは溜まるばかりでした。そこで産油国側は結束し、攻勢に転じます。一九六〇年九月十日、イラクの首都バクダッドに産油国首脳が集結します。彼らは一様に高揚していました。当地に集まったサウジアラビア、イラン、イラク、クウェート、ベネズエラ五カ国代表による石油会談で、石油価格の安定と維持のための生産規制を検討、石油会社の価格変更については当該産油国政府と協議しなければならないという決議を採択。ここに、石油輸出国機構(OPEC)の創設が高らかに宣言されたのです。それは、メジャーのカルテルに替わる、産油国による世界的な石油カルテルの結成を意味しました。

当初はメジャーとの交渉も視野に入れていたOPECでしたが、六〇年代後半にはその交渉術が大きな影響力を発揮するまでになりました。当時のエネルギー・石油の需給関係からみると、その目的達成まで一〇年の月日を要したのです。七〇年代にはOPECの地位向上を決定づけることになります。それを象徴するのが、一九七三年の第一次石油危機（オイル・ショック）でした。同年十月、エジプト・シリアとイスラエルとの間で、第四次中東戦争の火蓋が切られます。これを受けて、産油国側はメジャーなど石油会社に対し、原油公示価格の大幅な引き上げを一方的に宣言しました。これは、原油価格を公示する主体がこれまでのメジャーから産油国にとって代わったことを決定付けました。つまり、産油国が価格決定権をメジャーから奪い取ることに成功したのです。

ＯＰＥＣの結成に関連して、レナード・モズレーはその著『オイル・パワー』で「加盟国はいかなる状況のもとでも結束を固め、統一を守り続け、石油カルテルが加盟国のうちの一国に加盟国から脱退すれば特別な便宜をはかるといっても、これを断固はねかえすことを誓い合った」と指摘しています。このカルテル結成は、王制派と反王制派で対立していたアラブ・イスラム諸国の混乱に乗じて、価格カルテルで巨富を手にするセブン・シスターズの傲慢な手法を批判し、反欧米感情で結束することを強める契機になったと言っても過言ではありません。産油国の団結にメジャーは、当初は警戒の念を抱きましたが、その後はＯＰＥＣの存在自体を認めず、加盟国と個別に交渉を続ける方針を貫こうとしました。ＯＰＥＣとの全面対決に打って出たのです。

史上最も大きな富の移転になったＯＰＥＣ革命

一九七三年の第四次中東戦争を契機に「サウジアラビアが親イスラエル国に対して原油輸出を禁止し、メジャーが保有する油田を国有化して原油価格支配権はＯＰＥＣに移った。その結果、原油価格は一九七三年に一バレル三ドルから十二ドル、一九七九年の第二次石油ショックでは三十六ドルに上昇したのである」（瀬川幸一著『石油がわかれば世界が読める』）。ＯＰＥＣの創設はメジャーに対し反旗を翻したことになります。ＯＰＥＣはその後、メジャーから石油価格の決定権を取り上げ、国際カルテルの代名詞になるほど強力な組織であることはもはや既成事実になりました。ちなみに、日本経済は一九七四年に戦後初めてのマイナス成長に転じています。『陰謀国家アメリカの石油戦争』の著者、スティーブン・ペレティエは「核エネルギーが自信ではなく恐怖感を生んだ時、アメリカは前に進めなくなった。さらに間をおかずにＯＰＥＣ革命が追い討ちをかける。国際石油資本を通じて自分たちの手にあると思い込んでいたエネルギーの支配権が奪い去られ、産油国の手に渡ってしまった。史上最も大きな富の移転だった」と分析しています。

米政府は対応策に追われます。一九七三年十一月、ニクソン政権は「プロジェクト・インディペンデンス（自主独立計画）」を表明、翌七四年一月の年頭所感演説で、ニクソンはエネルギー問題を最優先課題として取り上げました。これは、第二次世界大戦後、米国は最も厳しいエネルギー不足に陥ったとし、まずは省エネルギーの促進、長期的には新エネルギーの開発が急務とした上で、一〇年というスパンでエネルギーの海外依存を減らすという計画でした。「ニクソンは家庭に暖房器具の設定温度を下げ、企業に労働時間を早く切り上げるよう指示した。ガソリンスタンドでは一人当たり一〇ガロンの配給制度、日曜日のガソリン販売禁止という措置がとられた」（ソニア・シャー著『「石油の呪縛」と人類』）。ただ、この成果を疑問視する議会関係者も多く、ニクソンの表現を借りると「議会の相次ぐ反対で、輸入石油への依存度をむしろ高めてしまった」という皮肉な結果になりました。

省エネルギー政策を推進する最良の方策についてニクソンは、自由市場の原理を活用することだと主張しました。石油、天然ガスの価格統制の一切を撤廃することが最短距離との見解を示したのですが、ニクソンは後に「石油の価格統制と国による分配制度を大統領職を去る前に撤廃すべきだった」と無念さを露わにしています。

その後のフォード政権は一九七五年、「エネルギー自立化」を打ち出しました。これはカーター政権の「エネルギー計画」に引き継がれていきます。大統領のカーターは一九七七年二月二日、ホワイトハウスから分厚いカーディガン姿で国民にエネルギー節約を強く訴えました。いわゆる「炉端からの語りかけ」で、米国民がともに考えなければならない課題をカーターはテレビやラジオを通じて、次のように語りかけました。「われわれの計画は節約を強調するでしょう。節約しようと思えばできる無駄なエネルギー消費量を合計すれば、われわれが外国から輸入しているエネルギー量を上回るものになります。われわれはまた、豊富に埋蔵されている石炭を、環境を損なわない方法で開発するでしょう。われわれは太陽エネルギーやその他の再生産が可能な新しいエネルギー源の研究に特に力を注ぐでしょう。さらにわれわれが必要な原子力エネルギー生産においては安全のための厳しい保証措置を維持するでしょう」。一九七八年には、燃費のよくない車を購入した者への罰則として石油浪費税が導入されています。

ニューヨーク原油先物市場が誕生

ＯＰＥＣの市場支配力に対抗すべく、消費国側は結束を固めることになります。一九七四年、米国、英国、西ドイツ、日本などが中心となって経済開発協力機構（ＯＥＣＤ）内に国際エネルギー機関（ＩＥＡ）を設置することになりました。他方、一九七九年二月のイラン革命をきっかけとする第二次石油危機（オイル・ショック）により、ＯＰＥＣの市場支配力はさらに強化されました。実は一九七八年五月、サウジアラビアで開催されたＯＰＥＣ閣僚委員会の「長期戦略委員会」で、原油価格引き上げに関する戦略が練られていました。そこにイラン革命が起きたことで原油価格の高騰が加速されるようになります。しかし、ＯＰＥＣの勢いが拡大するなか、米国は指をくわえたまま傍観しているわけではありませんでした。次の一手に打って出るチャンスを虎視眈々と窺っていたのです。

一九七三、七九年の二度にわたる石油危機（オイル・ショック）は、ＯＰＥＣ産油国だけでなく、冷戦という国際秩序のなかでソ連に対する警戒感を増大させるきっかけにもなりました。『石油大国ロシアの復活』の著者、本村眞澄は「七九年のソ連によるアフガニスタン侵攻は石油収入で潤ったソ連による新たな攻勢の始まりではないか、との疑念が国際社会に生まれた」と指摘しています。

また、石油危機による原油の価格形成にも変化が生じるようになります。石油価格が上がれば金価格も上昇するという連動性が市場で注目されるようになったのです。七三年三月に金価格は一トロイオンス当たり九〇ドルでしたが、第一次石油危機後の七四年二月には、ロンドン市場で約一八〇ドルを付けました。過去の金相場の高騰は、すべて通貨危機に起因していましたが、通貨不安が金相場を押し上げたという指摘は見られませんでした。原因のないゴールドラッシュと名付ける専門家もいます。石油価格が四倍になったことに対し、金価格は二倍に高騰しました。

一九七五年以降、世界的な景気低迷を背景に石油需要も鈍化の兆しを見せ始めます。しかし、こうした状況下でもOPECは強気の姿勢を崩しませんでした。一九八〇年、OPECは世界の原油確認埋蔵量の六八%を押さえ、生産量は日量二七〇〇万バレルになり、世界の産油量の四五%を占めるほどになりました。他方、二度にわたるオイル・ショックを経験した石油消費国は、原子力発電の推進をはじめ、石炭や天然ガスの液化、太陽エネルギーの活用など石油代替エネルギーの開発に乗り出します。また、省エネルギー対策にも注力するなど、脱石油対策に積極的に取り組んだのです。

省エネルギー対策を推進する最善の方法が自由市場の原理を活用することだという考え方は、前述したように、ニクソン政権時から挙がっていました。石油と天然ガスの価格統制の一切を撤廃する方針を決めていたようですが、ウォーターゲート事件の発覚で失脚せざるを得なかったニクソンにとっては志半ばで、実現に漕ぎ着けられませんでした。カーター政権もOPEC（石油輸出国機構）に対抗すべく石油などエネルギーの価格面での規制撤廃が急務と見做していました。「規制を撤廃すれば、それはOPECに対して国際市場とアメリカ国内市場で価格を支配する力を与えることになるのであった」（ジミー・カーター著『カーター回顧録』）のですが、新しい市場の創設は次期大統領、ロナルド・レーガンの登場まで待たねばなりませんでした。しかし、このあたりから「原油先物市場の創設」に向けた具体的なプランが水面下で進行していたとみても差し支えないでしょう。

一方、一九七〇年代後半からは非OPEC諸国での新規油田開発も活発になり、英国やノルウェー沖の北海油田などが注目されるようになります。日本や英国など主要先進国の原油取引はスポット取引と呼ばれ、いずれも相対で行われます。主要消費国の間では、OPECの政府公式販売価格（GSP）に代わる自由市場での指標価格に対する要求が高まっていたのも事実でした。スポット取引から先渡し・先物市場移行への機運が高まってきました。こうした声を背景に、いよいよ機が熟したと判断した米国は、原油先物上場を計画します。ニューヨーク・マーカンタイル・エクスチェンジ（NYMEX）は手始めに一九七八年、ヒーティングオイル（暖房油）を新規上場、八一年にはガソリン取引を開始。そしてその二年後の八三年三月三十日、宿願の原油（WTI＝ウエスト・テキサス・インターミディエート）上場を果たしました。

それとは対照的にOPECの支配力が急速にトーンダウンします。その一因について藤和彦は「OPECは表面的には価格カルテルを形成しているかのように見えていたが、当時多くの人たちが考えていたような生産調整を効果的に行える強力な本物のカルテルを形成するメカニズムがなかったからである」（『石油神話——時代は天然ガスへ』）と断じています。加盟国間での効果的な生産調整や抜け駆けと呼ばれる行為（例えば、減産を決定したとしてもそれに従わないことなど）に対する罰則などの仕組みが設定されず、協調し得ない状況が続いてきたこと、人為的な価格吊り上げは需要減退などを招き、結果的にカルテル維持が困難になったことなどが挙げられます。第一次石油危機の直前、消費国との間で原油価格を漸進的に引き上げる協約（テヘラン協定）を締結したものの、石油危機の勃発にともなってこれを一方的に破棄、大幅な値上げを断行するなどの措置で、市場取引に馴染まないとする考えが広がっていったことも遠因に挙げられるでしょう。石油取引に市場原理が持ち込まれたことは、独占的な供給サイドによる市場支配を終焉させる結果になりました。

世界の指標価格になったWTI原油

一九八三年に上場したNYMEXのWTI原油は、三〇年近くにわたって着実に市場規模を拡大していると同時に、世界の指標価格になっています。ただ、NYMEXで付けた価格が世界の石油需給を反映した価格形成になっているかと言えば、そうとも言い切れないのが実態です。WTI原油は、低硫黄、軽質の良質なオイルで、重質のドバイ産原油などと比較すると価格が高くなります。他方、WTI原油はテキサス州の内陸部で一日当たり四〇万バレル程度（世界全体の石油生産量の約〇・五％）生産されているに過ぎません。しかも、その大部分がオクラホマ州クッシングにある精製所を経由してパイプラインなどにより米国国内に輸送されています。実際、原油のほぼ一〇〇％を輸入に頼る日本は、WTI原油を一滴たりとも輸入していません。このようにWTI原油は非常にローカルな原油なのですが、NYMEX原油市場の先物取引ではレバレッジ（梃子）効果が働くため、世界実需の六—七倍程度の取引が行われている計算になり、実際の原油需要とは大きく乖離したものになっています。現物の裏付けのない「ペーパー・バレル」などとされる所以です。そのため、投機家の思惑によって原油相場が乱高下することが頻繁に起こり得るのです。

ですが、このWTI原油がなぜ、指標価格になり得たのでしょうか。『石油価格はどう決まるか』（河村幹夫監修）によると、まず、世界最大の石油消費である北米市場を背景にしていることです。米国は世界の石油消費の四分の一を占める一方、サウジアラビアなど産油国から原油を輸入する輸入大国でもあります。また、市場の流動性（リクイディティ）、市場の利便性が挙げられます。流動性という点について、ヘッジャーは出来高よりも取組高を重視するとされています。取組高というのは未決済約定残高（オープン・インタレスト）を指します。WTI原油は世界一の取組高があり、市場の流動性に富んでいます。こうした市場には石油精製業者だけでなく、商社、石油メジャー、石油開発業者、石油トレーダー、ヘッジファンド、個人投資家など様々な形態の市場参加者が存在していることも見逃せません。日本は中東産原油の輸入が大半を占めていますが、ガソリン、電気・ガス料金などのエネルギー価格は国際指標価格であるWTI原油が価格算定のベースになっているため、WTI原油を一滴たりとも輸入していないからといって、日本人の生活に影響が及ばないことはないのです。

その他、石黒正康は、著書『石油メガ再編』で「WTI自体が原油供給量に占める割合はほんのわずかにすぎないものの、WTIが世界の石油価格に影響を与える指標原油となった理由は、一九八一年にレーガン政権が石油価格統制を完全に撤廃したことで、アメリカの原油価格が国際価格と直接リンクするようになったためである」との見方を示しています。石油の価格統制撤廃はニクソン政権からの課題でしたが、レーガン政権時代にようやく日の目を見ることになりました。市場原理の導入で、WTI原油市場には投機マネーの流入が加速していくことになります。

政府系セブン・シスターズの登場

世界の石油産業を支配してきたメジャーは近年、生き残りをかけて大規模な合併・統合を繰り返しています。最盛期には国際石油市場における占有率が七〇%を超えるなど圧倒的なパワーを発揮していましたが、九〇年代後半には約一〇%まで落ち込むなど栄枯盛衰が明白になっています。セブン・シスターズと言われたメジャーは現在、エクソンモービル（米）、ロイヤル・ダッチ・シェル（英蘭）、BP（英）、シェブロン（米）の「フォー・シスターズ（四姉妹）」に集約されています。二十一世紀に入り、石油市場に影響力を与えるのは、OPECから価格支配権を奪ったこれら石油メジャーでなく、ロシア、イラン、サウジアラビア、中国、マレーシア、ブラジル、ベネズエラという七カ国の政府系石油会社に取って代わられたとの指摘も出始めています。

このように新たな「政府系セブン・シスターズ」が誕生したことに加え、石油市場に参加するプレーヤーたちも大きく様変わりしているのが現状です。石油メジャーやOPECは価格決定者としての地位を失い、もはや、プライス・テーカーに甘んじている一方、原油市場をヘッジファンドなどの投機筋が支配する時代に突入したとも言えます。市場への新規参入者によって原油価格が吊り上る懸念は大きくなりますが、国際石油市場の恩恵を受けている日本のような国にとっては、原油が市況商品から再び戦略物資に変化するほうが厄介な事態になるかも知れません。日本の石油政策は戦時体制下の一九三四年、石油業法が成文化されて以来、軍需物資をいかに確保するかに重点が置かれていました。第二次世界大戦後、戦略物資としての性格はなくなりましたが、石油産業保護・安定供給が石油政策の中心をなしていたことに相違ありません。しかし、東西冷戦構造の崩壊で市場経済化が進んだ結果、石油も市況商品として位置付けられるようになっているのが現在のマーケットなのです。その意味で、『オイル・ジレンマ』著者である山下真一の視点は注目に値します。

「市場では価格決定における第一当事者だったＯＰＥＣ、産油国や石油メジャーと並び、ヘッジファンドや年金基金などの、投資家という石油業界と直接かかわりのない第三者の声も反映される。結果として石油を長く支配してきた古い秩序が破壊され、『市場の時代』という新しいルールに基づくゲームが始まった」。

第Ⅱ部

コモディティが映し出す日本の近現代史

第六章　日本の近代史は米相場にあり

七二年ぶりにコメ上場が復活

二〇一一年八月八日朝、東京穀物商品取引所社長の渡辺好明は、いささか緊張した面持ちで取引開始を告げる鐘を鳴らしました。関西商品取引所でも同じ時刻に取引が開始します。それは、戦時統制経済で一九三九年に閉鎖されるまで約二百年間続いたコメ先物取引が、日本国内の二つの商品取引所で七二年ぶりに復活した瞬間でした――

二〇一一年三月末まで、コメは公設取引所としての全国米穀取引・価格形成センター（コメ価格センター）で売買され、ここで付けた価格が現物指標になっていました。センターでは生産者サイドが相対取引にシフトするなど、取引量が低迷する傾向にあったのですが、同年二月には落札量がついにゼロになり、最終的にセンターの解散が決定したのです。センターでの取引は生産者がコメを上場して卸会社などが入札する仕組みで、落札量は一九九七年の一〇三万トンをピークに年々減少傾向を辿り、その存在価値が疑問視されていました。当初、必須とされた上場義務を廃止、また、取引手法を変更したことなどで相対取引が増加するなど、センターでの取引に妙味がないとする業者が目立ってきたのです。ちなみに、コメ価格センターは一九九〇年、財団法人自主流通米価格形成機構として発足し、二〇〇四年の改正食糧法施行時に現在の名称に変更されています。

一方、コメの先物取引は、戦時中の統制経済や戦後の食糧管理法の下では一切、認められていませんでした。再上場の動きが出たのが二〇〇四年です。この年の改正食糧法の施行で、先物取引が認められる下地ができ上がります。この流れを受けて、二〇〇五年十二月九日、東京穀物商品取引所がコメ先物の上場を農林水産大臣に申請しました。翌日の『日本経済新聞』は、管轄官庁の「農水省が認めれば、早ければ四月にも取引が始まる。戦時下の経済統制で取引が途絶えた一九三九年以来六十七年ぶりにコメ先物が復活する」とした上で「投機資金の流入による価格の乱高下を懸念する農業団体は反発を強めている」と報じました。

東穀取に加え、関西商品取引所もコメ上場を申請しましたが、二〇〇六年三月二十八日、当時の農水相、中川昭一が都内で開催した記者会見で、いずれの上場も認める考えがないことを表明。商品先物市場への上場申請が認可されなかったのはこのときのコメが史上初になります。その後、コメ再上場に向けた動きは下火になった感が強かったのですが、コメ価格センターの解散決定などで、新たな価格指標の構築が急務との動きも活発化し始めます。こうした流れを追い風に、二〇一一年三月八日、東穀取と関西商取が管轄官庁の農水省にあらためて試験上場を申請したのです。

上場再申請をしたものの、試験上場実現までに茨の道が続くとの見方が大勢を占めていたのも事実でした。上場が認められるためには、十分な取引量の確保と生産・流通への影響が考慮されます。それに加え、出来高不振で業績低迷を続ける東穀取は、東京工業品取引所に統合を申し入れ、既に市場移管されることが決定していましたので（その後、東穀取が突然撤回を表明、さらに再び市場移管の検討に入るなどその対応策をめぐり二転三転し、狼狽ぶりが際立っています）、東穀取本体の財務的基盤が盤石でない上、東日本大震災の影響も重なり、政権与党の民主党が迷走を続けるなど、不透明な要因ばかりが目立ち、すんなりと上場まで漕ぎ着けることができるのかを疑問視する声が大勢でした。

ところが、急転直下、農水省は二〇一一年七月一日、試験上場の認可を正式に発表。これにより、同年八月八日、東穀取・関西商取でコメ先物取引が七二年ぶりに復活することになりました。いずれにしても、最後の大型商品とされるコメの二年間にわたる試験上場が売買低迷など失敗に終われば、本格上場されることはなく、下手をすれば農水系先物取引の終焉に波及する恐れもあり、暫くの間は予断を許さない状況が続くのは必至と見られています。

こうした状況下、経営不振に陥っている東穀取は二〇一二年三月二十一日、東工取と関西商取に対し、上場商品の移管を打診する方針であることを公表しました。六月に開催される株主総会までに交渉をまとめる予定ですが、もし順調に進まなかった場合、東穀取は清算手続きに入らざるを得ず、待ったなしの経営体制の見直しが求められています。

商品流通に繋がった参勤交代

江戸時代、日本最大の基幹産業は米作でした。当時、人口は三千万人強で、その八〇％が農民でした。この時代は「米遣いの経済」と言われ、米価が物価を先導していました。米穀は単なる食糧に止まらず、諸物価の基準という性質を有していたのです。米作中心の国づくりについて、作家の司馬遼太郎は「徳川幕府は肉食によって悍威な日本人ができるよりも、穀物を主食とするおだやかな日本人像をのぞんだのであろう。徳川期にあっては日本人はいよいよ米食に偏し、三百年のそういう生活のあげく、腸までが他民族より長くなった」（『歴史と小説』）と指摘、米を日本人の主食として根付かせたのは徳川幕府の思惑が大きかったとの見方を示しています。

その江戸期に、幕府が命ずる「参勤交代」で世の中の仕組みに変化がみられるようになります。参勤交代とは、各藩の大名を定期的に江戸に出仕させる制度でした。諸大名に出費を強いることで、その勢力を削ぎ、謀反や反乱を起こさせないようにするのが主目的だったのですが、皮肉にも商品流通、交通、また貨幣経済の発達に貢献することに繋がりました。

そもそも参勤交代は、加賀藩に始まるとされています。徳川家康は慶長五（一六〇〇）年九月、関ヶ原の合戦で勝利し覇権を獲得します。その後、外様大名の江戸参勤とその妻子の江戸居住を奨励するようになります。加賀藩の場合、前田利家の正室だった芳春院が江戸に強制居住させられました。慶長の危機を回避するため、二代目の前田利長は芳春院を人質に差し出したのです。家康は、外様大名で既に勢力を有していた利家の正妻を人質に取ったことで加賀藩の首根っこを押さえようとしました。関ヶ原の合戦の後、利長は慶長七（一六〇二）年正月二十六日、母の芳春院を見舞うため江戸に赴きました。寛永十二（一六三五）年、三代将軍、家光のとき、「武家諸法度」が制度化され、それ以後、大名は妻子を人質として江戸屋敷に住ませ、一年ごとに江戸と国元で過ごすことを義務づけられました。当然のことながら、江戸と国元との二重生活は大名に大きな財政負担としてのしかかります。

大坂・堂島が先物取引の嚆矢

他方、自然経済から貨幣経済へ進展した江戸時代、諸大名は年貢米や特産物を大坂などに回送して、それを貨幣と交換しました。米取引の活況で大坂の経済の発達は著しく、江戸を圧倒していました。そこから大坂は「天下の台所」とか「諸色相場の元方」とか呼ばれていました。諸大名は大坂に倉庫となる蔵屋敷を設置し、そこに米などを貯蔵しました。管理者である蔵元は当初、諸藩の武士が任命されましたが、後にこの業務を商人にアウトソーシングする藩が増加します。これら商人たちは掛屋と呼ばれ、各藩の蔵物売却代金を預かり、蔵物を担保に資金を融通するなどしました。米を中心した生産物地代や特産物は「蔵元の手を通じて市場に売り出され、問屋を中心として問屋・

仲買相互間、各地の城下町商人との間の取引を通じて全国的商品の流れを構成した」（山口徹著『日本近世商業史の研究』）といいます。

当時、最も有力だった掛屋が淀屋です。大坂・淀屋橋に居を構え、蔵米などの売買業務を行いました。他の商人たちも言わば自然発生的に集まるようになり、延取引（フォワード取引に相当）が行われ、一種の組織的なマーケットが形成されるようになります。「淀屋の米市」と称される相場が全国の米取引に影響を及ぼすことになったのです。これが米相場会所の濫觴《らんしょう》とされています。

淀屋は初代の岡本三郎右衛門常安、二代目言當《げんとう》ら五代にわたって栄華を誇りました。井原西鶴の『日本永代蔵』にもその様子が描かれています。初代常安は伏見城の工事や淀堤の普請のような土木工事によって名を挙げました。天下統一後、常安は徳川家康から「両度の大坂の陣に陣小屋を献上した功によって苗字帯刀を許され、岡本三郎右衛門と名のることを許され、そのうえ生地である山城八幡で山林三百石を下しおかれるという御朱印状も頂戴した」（宮本又次著『豪商列伝』）といいます。常安はさらに「自分一手にて米穀の相場をたててみたいと願い出た。（中略）自分が総取締りになり、大坂に集まる諸国の米の相場の標準をたてて農民の福利に増進したいと願い出たのである」（同）。この願いが叶い、米相場の市場づくりが実現へと向かいました。

元和元（一六一六）年、二代目の言當は途絶えていた天満《てんま》の青物市を京橋の淀屋屋敷で再開します。寛永元（一六二四）年には魚の干物を扱う雑喉場《ざこば》市のほか、堂島米市を設立し、大坂三大卸市場の管理を取り仕切りました。寛永年間に北国の加賀藩が二五〇石ないし三五〇石積みの回船によって米一万石を大坂に回送してきたとき、その売りさばきを一手に引き受けたのが言當でした。

一方、淀屋の繁栄ぶりが、周囲の人びとから羨望や嫉妬の対象になったのも事実です。宝永二（一七〇五）年、五代目廣當が二十二歳の時、幕府の命令で闕所《けっしょ》処分を受けました。闕所とは財産没収を意味します。廣當の通称である淀屋辰五郎の闕所処分として有名です。淀屋は米市をはじめとして多くの事業を手掛けてきましたが、事業拡大が裏目に出たと言えます。諸侯への貸し金総額が一億貫とさえ囁かれるほどの大富豪でした。銀一千貫で有徳者と言われた時代です。淀屋の規模がいかに大きかったかが窺い知れるでしょう。取り潰しは「豪奢僭上の沙汰」というもので、処分の理由について表向きには、町人の分限を超え、贅沢三昧な生活が目に余るというものでした。しかし、諸大名に対する莫大な金額の貸付けから反感を買ったとされるのが真相のようです。ただ、闕所の時期や対象者などについて諸説あり、専門家の間でも意見が分かれているのも事実です。

大岡越前が認可した帳合米《ちょうあいまい》取引

ところで、淀屋没落後も米商人たちは、その屋敷に集い、取引を続けました。商いに参加する人たちが増えるに従い、場所が手狭になったこともあり、元禄十（一六九七）年、ここでの取引が対岸の堂島に市場移設されることになります。これを「堂島米会所」と称しましたが、政府から正式に許可されたものでなく、現物を扱う正米取引でした。つまり、この段階では帳合米《ちょうあいまい》取引、いわゆる先物取引ではありませんでした。堂島移転からおよそ二〇年後には、浪速の米商人、備前屋権兵衛、

「堂しま米あきない」（『浪花名所図会』国立国会図書館）

柴屋長左衛門らによる帳合米商内《あきない》と呼ばれる売買仕法が採用されるようになります。これは売り繋ぎ買い繋ぎの方法を取り入れるようにしたものですが、米価高騰を招く元凶にみなされたため、幕府から禁止されました。

ところが、皮肉にも豊作や貨幣制度の改正などで米価が下落するようになったことで、幕府は再び柔軟な姿勢を示すようになります。八代将軍、吉宗の時代、享保十五（一七三〇）年八月十三日、江戸南町奉行、大岡越前守忠相が正式にこれを認めました。ここに、制度的にみて世界初とされる先物取引が大坂で産声を上げたのです。帳合米取引は投機性が強かったため、将軍のお膝元である江戸ではなく、大坂・堂島での取引を認めることになったとの説もあるほどで、幕府には余計な混乱を避けようとした狙いがあったようです。また、興味深いのは堂島米市場が神聖視されていたことです。例えば、「米相場を混乱させないようにとの心くばりから相場の立会中には役人すらそこを通行することができなかったし、犯罪人が市場に逃げ込んだら逮捕できなかった。まさに、堂島は権力によって保護された特権的な全国の米価のきめどころであった」(土肥鑑高著『米の日本史』)といいます。

「帳簿上で合う」というのが帳合取引の語源ですが、当時の堂島での取引について「今の市場に遜色ない伝達手段と決済手段を持ち、幕府の統制下に置かれることなく自主運用していた」(慶応義塾大学・湘南藤沢キャンパスSFCフォーラム事務局編『新時代の創造』)のが特徴です。大岡越前守が堂島で実施させたシステムというのは、公正な価格形成、価格の平準化、ヘッジ(保険繋ぎ)機能、売買の指標といった先物取引の機能を備えていました。つまり、彼は市場を管理運営する事務所と売買の決済などを管理する帳合所=清算所を別組織にし、一年を三期に分けて完全な差金決済をする方式を採用します。また、板寄せ(単一約定)方式で価格を決定した後、注文に応じてザラバ(複数約定)方式で取引し、後場に公定価格を決めるとしたほか、約定した価格を掲示するとともに町奉行所に届け出し、手旗信号などで価格を全国各地に伝えるというものでした。

とばく化する米取引

ところが、実物取引から先物取引になったことで、その取引仕法を巧みに駆使して、空売り、転売など投機的な取引を繰り返す商人も出現しました。繰り返しますが、帳合米取引は帳簿に記入するだけの取引です。帳合米取引は人為的な相場により全国の米価を平準化することに繋がることに寄与したのは確かですが、巨万の富を手に入れる人たちが現れる一方、大幅な損失を蒙る人たちも続出したのも事実です。先物取引がゼロサム・ゲームと言われる所以です。取引自体が活況になることで、却って社会的に憂慮される事態を増幅することに発展しました。そのため、幕府は厳重な監督に乗り出します。結果的に、幕府は取引を強制的に停止させる措置を取らざるを得ませんでした。

米相場は公正な価格形成という本来の目的から乖離し、とばく化していくことになります。文久三（一八六三）年、帳合米取引は全面廃止の憂き目を見ました。限月（先物取引は将来の一定期日に清算が行われ、その清算日の属する月を限月といい、転じて決済日のことを指します）を二カ月（後に一カ月に短縮）にするなど、帳合米の数量を小さくした「石建米《こくたてまい》商内」に形を変えて、明治二（一八六九）年まで続くことになります。

帳合米取引を廃止した背景について、島実蔵は著書『大坂堂島米会所物語』で「明治維新新政府は江戸幕府の行った政策をことごとく見直すなかで、江戸時代の後半、ほんのわずかな期間のとばく化をもって堂島米会所はとばくの巣であると認定して明治二年に閉鎖する。新政府高官といえども、もともとは地方の下級武士出身者がほとんどで、先物取引市場本来の機能や役割に通じている者がおらず、とばくと同一視することしかできなかった」と分析しています。

米取引は江戸でなく、なぜ大坂で盛んになったのでしょうか――大石慎三郎著『徳川吉宗と江戸の改革』は「江戸時代でいちばん重要な商品である米は完全に幕府の手を離れて大坂商人にあやつられるようになるのだが、この裏には江戸商人におされることに反発する大坂商人の抵抗があった。しかし商人のそのまたうしろに西国経済圏を構成する大名たちのあとおしがあったのである。とくに百万石の加賀藩は、大坂商人に運動資金まで出していたといわれる」と指摘、大坂商人らの江戸商人に対する対抗意識が根底にあったとの見方を示しています。実際、加賀藩は商業都市に発展した大坂の米市場に注目しました。寛永十五（一六三八）年、加賀藩はまず、蔵米百石を大坂に回して売却。その後も一―三万石を廻米として大坂に送りました。「寛文十二年（一六七二）の河村瑞賢《かわむらずいけん》による西廻り海運の成立により、延宝年間には十万石前後も大坂へ輸送しており、天和二年（一六八二）には六、七万石、元禄四年（一六九一）には二〇万四八七三石、江戸廻米分が二万五千石であったから、廻米総量の八九・一パーセントを占めた」（田中喜男著『加賀百万石』）といいます。

米穀取引所の設立

明治時代に入り、「米商会所条例」が制定されます。これに基づき、東京や大阪などに「米商会所」が設立されました。明治九（一八七六）年のことでした。大阪では同年十一月二日、関西経済界の重鎮、五代友厚《ごだいともあつ》らの尽力で堂島米商会所が設立されます。また、明治十一年五月、五代は北浜に大阪株式取引所を創設しました。同年八月、大阪商法会議所が設立。五代が初代会頭に就任しました。五代と言えば、製藍業と鉱山業の経営で大きな足跡を残したと連想されがちですが、こうした実業のほか、商品・株式取引所の関係条例の改正、創業、再興と多大な貢献をしています。

一方、近代資本主義経済の父と呼ばれ、大実業家として歴史に名を残す渋沢栄一も五代友厚とともに商品市場の必要性を十分に認識していた一人で、取引所設立などで指導的な役割を果たしたことで知られています。渋沢、五代の両人は実業界で「東の渋沢栄一、西の五代友厚」と称されたほどでした。鍋島高明はその著『市場雑感』で、文豪幸田露伴の渋沢評を「米と油のごときは重要商品の限月取引の起こったのはいつごろのことなのか不明だけども、けだし商業の発達に際して即時取引にあらざる取引の起こるは自然の勢いにして、これにより商業は円滑流利に行われるべきものである」と引用し、渋沢の先物市場育成に果たした貢献を讃えています。渋沢は東京米会所や大坂堂島米会所で起きた解け合い（自然災害や社会的事件、買い占めや売り崩しで市場が混乱した際、売買の収拾がつかなくなったときに一定の値段で既存の売買契約を決済すること）の斡旋に自ら乗り出したほか、大蔵省への陳情、日清戦争後の不況で存続の危機にあった横浜の商品取引所合併問題でその解決にかかわるなど、商品先物市場の発展に奔走しました。戦前の東京米穀商品取引所の立会場には次のような渋沢の墨蹟が掲げられていました。

成名毎在窮苦日（名を成すは毎に窮苦の日に在り）

敗事多因得意時（事の敗るは多く得意の時に因る）

東京における先物取引市場の変遷を振り返ると、現在の東京穀物商品取引所ビル（東京都中央区日本橋蠣殻町《かきがら》、二〇一一年三月に近隣の堀留町に移転）が位置する地に設立された「中外商行会社」まで遡ることになります。東穀取が作成したパンフレット『戦前における東京の米穀取引所』によると、明治七（一八七四）年八月、政府の容認を得て、米の限月売買が始まったとされています。この一帯はかつて薩摩藩の屋敷跡で、西郷隆盛が故郷の鹿児島に引き揚げる際に米倉一平に一万坪を売り渡しました。米倉はここを米市場づくりの拠点にし、中外商行会社を創設します。それ以前、東京都中央区の鉄砲州に設立された貿易商社は、明治四（一八七一）年に兜町に移転、東京商社と改称し、現在の東京証券取引所の場所で米穀の先物取引を行っていました。米商会所条例が発布されると、東京兜町米商会所に、中外商行会社は東京蠣殻町米商会所に再編され、それぞれ取引を続けました。ところが、別々に取引していたのでは相互の利益に繋がらないという理由で明治十六（一八八三）年五月、両取引所は合併することになり、名称を東京米商会所に改めます。初代頭取に就任したのは、大物相場師として名を馳せていた「天下の糸平」こと田中平八でした。

明治二十六（一八九三）年三月に取引所法が制定され、これにともない、名称が「米穀取引所」に変更されました。東京米会所は「東京米穀取引所」に再編成されます。初代理事長のポストに就いたのが米倉一平で、明治期に通算一五年にわたり、米相場のメッカとされる蠣殻町の指導者としてその力量を発揮しました。鈴木直二著『米――自由と統制の歴史』には、米穀取引所の機能が（一）価格の公定機能、（二）価格の平準化機能、（三）需給の早期調整機能、（四）ヘッジ（保険繋ぎ）機能という面で、現在の商品取引所の機能と異なるところがないと記述されています。日本人が「先

高橋是清（国立国会図書館）

物」の機能・役割を早い段階から理解していたことに刮目せざるを得ません。

相場で大やけどの高橋是清

ところで、明治十三（一八八〇）年当時、米相場に足を踏み入れ、大やけどした人物がいます。日銀総裁、山本権兵衛・犬養毅ら七代の内閣の蔵相を歴任、首相を務め、陸軍青年将校らによるクーデター「二・二六事件」（一九三六年）で非業の死を遂げた高橋是清です。高橋は仲買人を雇い入れ、米取引の中心地である蠣殻町に六二商会という米仲買の商店を開きました。津本陽著『生を踏んで恐れず――高橋是清の生涯』は、米相場の雰囲気を上手く表現し、次のように描写しています。「仲買人は、なじみの客の注文は場を通して売買取引する。新規の客の注文は、証拠金をとって、取引の場に出さない。客が損をする相場になると、追証拠金をきびしく取り立てる。客が払えなければただちに決済をして、最初に受け取った証拠金は取り上げ、不足分は現金か証文で取る。客が利益を取れる相場になったとき、決済を求めてくると、売らないようにすすめ、そのうち損の出る相場になると、追証拠金を取る。『なるほど、相場とは博打か』。是清は相場の実態を見きわめ、四カ月後に廃業した。赤字は七千五百円で、店を預けた仲買人と損害を折半した」。高橋是清は、これ以外にも北海道の原野にからむ不動産投資の失敗や、海外の銀鉱山への投資で損失を蒙るなど、相場でことごとく痛い目に遭っていますが、「先物思考」の重要性について身を持って体験したことは、その後の人生に教訓として生かされたのではないでしょうか。前述したように、米相場の失敗から五年後の明治十八（一八八五）年、特許制度の視察で欧米出張を命じられた高橋（当時は専売特許所長）はシカゴを訪問。滞在中に当地の商品取引所を視察しています。

米取引の近代化が加速した大正期

大正期に入ると、米取引の近代化が加速します。米の輸送手段が海運から鉄道に代わり、市況の伝達も手旗信号から電信・電話の利用へ移行、米の委託取引から買い付け取引への推移、米穀検査制度の確立による銘柄等級取引の実施、代金決済の銀行荷為替制度の利用などが挙げられます。

大正元（一九一二）年、東京市の人口は約一六二万人、そのうち地方出身者が約八三万人でした。大正四（一九一五）年十一月三十日、東京株式相場が大暴騰を演じ、十二月三日まで立会い停止になりました。未曾有の大好景気で、米価や綿糸価格も軒並み上昇しています。こうした事態を受けて、政府は米の投機、買い占めに対する措置として大正六（一九一七）年九月、暴利取締令を発令します。この適用第一号として大物相場師の「増貫」こと増田《ますだ》貫一《かんいち》が懲役二カ月に処せられました。「増貫」は控訴審でも実刑判決は変わらず、服役中、『信念で買った米だから売らない』と頑張って獄死したとされるが確証はない」（鍋島高明著『日本相場師列伝』）といいます。同年十月、東京では多数の不正米商が検挙されました。しかし、法の不備からか、物価高騰の勢いは収まらず、大正三年十二月には一石一一円八五銭の米価が、大正七年八月には約四倍の四一円六銭に高騰したほどでした。

他方、農商務省技師、山田憲らによる米穀商、鈴木《すずき》弁蔵《べんぞう》殺し事件が起こったのも、米穀商という被害者の職業ともからみ時代色が濃いものでした。いわゆる「鈴弁《すずべん》事件」は、大正八（一九一九）年九月、外米輸入に関連して鈴木が山田に取り入るうちに山田が米相場に手を出し、その資金を鈴木が提供したが返済できなくなったことからもつれ、鈴木が惨殺された事件で、米にまつわる世相史の一断面として伝わっています。

「米騒動」発生

大正年間は日本経済が軽工業から重工業へと移行した時代でした。そして、明治以来の近代国家として初めて食糧暴動が発生したのも大正期でした。物価高騰で民衆の政府に対する不満はピークに達しようとしていました。大正七（一九一八）年八月二日、寺内《てらうち》正毅《まさたけ》内閣はシベリア出兵を公式に宣言。その翌日には、富山県下で米騒動のきっかけになる事件が発生しました。女房一揆と呼ばれるもので、富山県中新川郡西水橋町（現富山市）の漁民の主婦二百人余りが米価高騰に怒り、米穀商に米の安売りをしてほしいと嘆願。四日には隣町の東水橋町に飛び火し、民衆はとうとう実力行使に出て、米穀商を襲撃します。その後、九月中旬まで一道三八県の三六八カ所で暴動が発生、参加者は七〇万人を突破し、全国的な騒動へと発展しました。当時、中堅サラリーマンの月給が三〇円程度、学生の下宿代が三食付きで一〇円前後の頃、四人家族で米代金だけで一五円程度かかったとされた時代です。

米騒動から遡ること半年前、後のエコノミスト、高橋亀吉が経済記者として東洋経済新報社に入社しています。鳥羽欽一郎著『エコノミスト高橋亀吉――生涯現役』によると、高橋はいち早く米相場の異常な高騰に目をつけています。大正七（一九一八）年九月末時点で騒動に関連して収監された者が六三二五人に及んだことに触れ、高橋は「為政者の処置宜機を失したる結果、かくの如き収監者を齎らした事を記憶する必要がある」と指弾しました。

米騒動が発生した社会的な背景として、米価が三年間に三倍から四倍に跳ね上がったことが直接の原因に挙げられます。しかし、その暴騰のかげに米を投機の対象とする商人や富豪の大儲けがあり、地主の売り惜しみがあったことなども見落としてはならないでしょう。また、政府がシベリア出兵を決定したことで大量の米を買い付けたため、米価の暴騰に油を注いだことなど、複合的な要因が重なり、全国的な騒動として拡大していくことになりました。こうしたなか、神戸では大正七年八月十二日、大手商社の鈴木商店がターゲットにされ、暴徒による焼き討ちに遭いました。

大手商社「鈴木商店」の破綻

米騒動の最中、米の買い占め、朝鮮米の売り惜しみをしているなどの噂から群集の襲撃を受け、昭和二（一九二七）年の金融恐慌であえなく潰れた大手商社が鈴木商店でした。最盛時の社員数が三千人。事業経営の範囲は製鋼、金属精錬、造船、人絹、毛織、セルロイド、窒素肥料、染料、皮革、製糖、製粉、製油、樟脳、ゴム、麦酒、燐寸（マッチ）、鉱山、海運、倉庫、保険など多岐にわたり、帝人、神戸製鋼、日商岩井（現在の双日）など今日の大企業はその分身です。本業の貿易においては、年間取扱高が一六億円と、三菱はもとより三井物産をも圧倒し、日本一の商社でした。城山三郎の著書『鼠』は、鈴木商店の大番頭であった金子直吉の生涯を辿りながら、会社の栄枯盛衰を描いたノンフィクション小説です。鈴木商店の繁栄ぶりについて「大正四、五、六年と鈴木は雪だるまのように大きくなった。世界各地から毎朝、赤電（至急電報）が鈴木の店に到着する。（中略）世界中の多種多様の商品の相場がどこよりも早く鈴木に届く。まだ通信社のない時代であり、朝日、毎日などの大新聞もみな鈴木に前日の引値を訊《き》きに来た」と描いています。

鈴木商店には当時、「雀のおじさん」の異名を持つ米作調査マンがいました。松下豊吉《まつしたとよきち》という人物です。松下は年中、米のことばかり考えている男で、現代風に表現すると「米相場のアナリスト」として鈴木商店に雇われていました。実際、秋の収穫期になると松下の米相場見通しは、ほかの専門家の予想よりも的中率が高かったとされ、金子直吉が全幅の信頼を置いていました。松下の相場情報がいかに信頼されていたかを物語るエピソードがあります。「このときすでに鈴木の情報企業性能の有力な一翼を担う存在となっていた。金子は、この松下の調査を基礎に据え、公的な米作予想や好景気による『消費増加』をも考慮に入れつつ、こんどの米価の騰勢は米穀の『供給不足』によって、いよいよ本格化するものと予想した。そして大正七年度には米穀の『供給不足』は約三三〇万石ないし三四〇万石に達するであろうと判断したのであった」(桂芳男著『幻の総合商社　鈴木商店』)。

鈴木商店は一九二七年の金融恐慌時に歴史の檜舞台から姿を消す運命にありましたが、破綻の数年前の国民全体に蔓延した投機熱にその遠因を挙げる専門家がいました。『昭和金融恐慌史』(高橋亀吉・森垣淑著)から引用します。「大正八年の活況を特徴づけるもの、したがって九年の反動の中核的要因となったのは、戦争中培養された厖大な会社の資力と銀行資金を基盤とする商品、株式の大々的思惑的投機であった。(中略)たとえば、綿糸のごときは『一銭の証拠金を要せず、単なる信用取引で実に二カ月先の生産品まで先物取引が行われた』。綿糸は一例であり、生糸、砂糖、米穀、さらには土地まで激しい投機取引の対象となり、投機業者に翻弄される有様であった。国民あげて一攫千金を夢みて投機に狂奔していたのである」。

米騒動で寺内内閣が総辞職、原内閣が誕生へ

大正七(一九一八)年八月六日、大阪市内では米価が一升九〇銭を突破するなど異常な事態を迎えていました。九日から十日にかけて、西成郡今宮町で暴動が発生します。これが、大阪における米騒動の発端でした。『大阪における都市の発展と構造』(塚田孝編)によると、同年八月十一日夜、天王寺公会堂で「米価調整大阪市民大会」が開催され、満員のため入場できなかった群集は釜ヶ崎の広場で野天演説会を実施し、さらに三千人余りの大集団になって米穀店を襲いました。暴動鎮圧の

ため、警察隊や軍隊の出動が相次ぎ、夜間外出禁止令が発令されました。このとき、大阪に滞在していたアナーキスト（無政府主義者）の大杉栄は、同志の岩出金次郎、逸見直造らとともに騒動の様子を視察しています。大杉豊著『日録・大杉栄伝』では、大杉は視察後に「今回の事件を見て、社会状態は想定していたほうに近づきつつある。現在の勢いをもって進めば、ここ幾年ももたないうちに意外な好結果を来すかもしれない。政府は今度ばかりは少し目を覚ましたであろう。労働者の団結の力、民衆の声、ああ愉快だ……」と語ったとされています。

米騒動が社会全体に与えた影響について、民衆が政治的なスローガンを掲げたわけではありませんでしたが、全国規模に拡大した騒乱が政治的な影響を及ぼさないはずはありませんでした。シベリア出兵の失敗など寺内内閣は完全に行き詰まります。そこに米騒動が追い討ちをかける格好になり、同七年八月二十一日、寺内内閣は責任を取り総辞職、代わって、日本初の政党内閣とされる原《はら》敬《たかし》内閣が誕生しました。原内閣は、日本人の食生活の安定を図るべく「米穀法」を大正十（一九二一）年四月四日に公布施行しています。これは、原が東京駅頭で暴漢の匕刀に倒れる七カ月前のことでした。米穀政策の制度化、法制化の必要性に迫られた政府は米穀特別会計二億円で米穀法の制定に至ります。これは後の食糧管理法の基礎となりました。昭和十四（一九三九）年八月二十五日、米穀統制法の発令で米価は公定になります。ここに及んで江戸時代から取引所取引の花形的存在であった米もその配供や価格決定について国家統制が加えられるようになり、取引所取引の対象から除外されることになりました。

堂島の米価伝達はインターネットの先駆け

司馬遼太郎著『俄――浪華遊侠伝』は、幕末から大正初年にかけて大阪に実在した人物、小林佐兵衛こと、明石屋万吉という遊侠の一代記です。ストーリーでは、幕府の策謀で米相場が暴騰した折に、問屋連中に頼まれた主人公の万吉が、市場潰しに乗り出す場面が出てきます。司馬は堂島米会所の賑わいについて、次のように活写しています。「天下にこれほど喧騒な地はないといわれている。毎日、千人二千人の米相場に関係する大小の商人があつまり、たがいに符牒を叫び、指の合図をし、あるいは駈け回る。駈け回るのは相場を市中の自分の店にしらせる速報員で、この速報は市中だけでなく遠国へも独特の通信法で報《し》らせる。(中略)山々の峰に伝達者を置き、上代ののろし台ふうに一種の手旗信号のような合図をつぎつぎに送って遠方に報らせてゆく方法もある。なにしろ、すさまじい町だ」。余談ですが、小豆相場の仕手戦を描いた梶山季之はその著『赤いダイヤ』で、東京市場での商いの様子について「日本橋蛎殻町にある〈穀物取引所〉には、その日、異常な空気がみなぎっていた。灰色にくすんだ三階建ての鉄筋ビルが、ブルブル震動しているような感じである。それほど取引所の内部は白熱化していた。興奮していた。いや殺気立っていたといった方が、正確なようである」と描写しています。司馬、梶山が「すさまじい」、「殺気立つ」といった表現を使っているところが注目されます。

ところで、当時の米価は驚異的なスピードで全国各地に伝達されました。米価をいち早く知るということは、それだけ利益に直結することを意味していたからです。市場参加者たちはあの手この手で情報収集に奔走します。当時、大坂・堂島から約一キロメートルごとに中継地点を設置、手旗信号方式で米価を報せたといいます。堂島から和歌山までわずか三分、京都まで四分、神戸まで七分、岡山まで一五分、広島に至っては四〇分で伝わったそうです。手旗信号のほか、大きな傘や提灯、手拭いなどを振って相場情報を伝達しました。また、相場情報を専門に扱う米価格の飛脚まで現れたほどで、ニュー・ビジネスの創出にも繋がりました。

他方、海外で本格的な通信ネットワークが誕生したのはフランスでした。今から約二百年前のフランスで「腕木通信」という通信ネットワークが誕生しています。これは、大きな腕木の位置を変更して遠隔地にいる相手に意思を伝えるもので、動力を電力に頼らず、すべて人力を利用して行う通信方法です。こうした通信手段の発達で、経済情報を商売にする情報ベンダーが次々に誕生することになります。英国のロイター通信、フランスのAFP通信などはその先駆けになりました。

中野明著『腕木通信』によると、「ヨーロッパで腕木通信が普及する以前に我が国においても視覚通信が行われていた。しかも民間による商業目的での利用である『旗振り信号』と呼ばれるものが『ヨーロッパの腕木通信に先立つ日本版視覚通信』と称してもよいものだ」としています。その上で「江戸時代の米相場といえば、大坂・堂島だ。よって旗振り信号も大坂を中心に発展していくことになる。徳川吉宗が行った享保の改革末期にあたる一七四五年頃、大和国平群《へぐり》に住む源助という人物が配下を堂島にやり、相場の上がり下がりを伝えさせたのが始まりという」と指摘。米価情報の伝達がいかに重要であったのかを物語るエピソードで、堂島は世界初の先物取引の嚆矢であるとともに、インターネット発祥の地であったと言っても過言ではありません。

第七章　金・銀・銅――鉱山開発がもたらしたもの

鉱物資源大国だった日本――佐渡金山の盛衰

「一六〇〇年頃、日本では金の価格が上昇してちょっとした鉱山ブームが起こった。これによって、増加していた中国からの需要に応えると同時に、権力を誇示しようとする戦国武将の欲望を満たした」（ピーター・バーンスタイン著『ゴールド――金と人間の文明史』）――

金鉱を重視した豊臣秀吉は佐渡を直轄領とし、徳川家康は天領として佐渡奉行を設置しました。三井物産初代社長、益田孝の実父、鷹之助《たかのすけ》は佐渡奉行所の地役人として鉱山開発で手腕を発揮したことで知られています。江戸時代に入ってからも長崎貿易の輸入の大半は中国産生糸と絹織物で、その見返りとして佐渡や石見の金銀、別子の銅が大量に国外に流出しました。資源小国である現在の日本ですが、実はかつて金や銀、銅の一大産出国だったのです。二〇〇九年九月一日、『朝日新聞』は夕刊で、江戸時代の佐渡金山が金の含有量も選鉱技術も世界トップレベルだったことが最近の調査で判明したと報じています。

田中清六と佐渡金山開発

さて、佐渡における本格的な鉱山開発は十六世紀半ばの天文年間に遡ります。佐渡五十里《いかり》・沢根に越後寺泊の外山茂右衛門《もえもん》という商人が金穿《ほ》りに同行し、砂金流し場で銀の採取に乗り出しました。天文十一（一五四二）年のことでした。沢根の奥に位置する鶴子銀山はいち早く佐渡有数の銀山になりました。天正十七（一五八九）年には上杉景勝の代官として佐渡を支配した直江兼続が金銀山の開発を担っています。

江戸時代初期には、佐渡金銀山開発で画期的な政策が採用されています。従来の採掘方法を見直し、誰でも、どこでも、自由に試掘坑を掘ることが可能になったのです。その結果、諸国から計三万五千人の山師、金穿りたちが佐渡の山谷に押し寄せることになり、佐渡は空前のゴールドラッシュを迎えることになります。新しく導入された採掘方法は田中清六という知恵者の発案でしたが、一攫千金を夢見た山師たちのうち、実際に大金を手中にできた人たちはほとんどいませんでした。家康から佐渡金銀山の運営を任された清六が、佐渡に到着したのが、慶長五（一六〇〇）年秋のことでした。清六は、請負人が一年間にわたり鉱区を独占するという経営法をとりやめ、自由に試掘させる方法に切り替えます。鉱脈を発見すると、それまでかかった費用相当分の鉱石を採らせ「その後、十日間に日数を区切って、その間歩《まぶ》の銀運上額を競わせ、運上入札値の最も高い者に銀山の掘り取りを任せた」（田中圭一著『佐渡金山』）といいます。間歩とは「稼ぎ場」といった意味です。この間にどれだけ多くの鉱石を採取しようが、入札した運上額さえ納めればよかったため、山師たちは夢中になって金穿りに従事したのです。

一方、清六の経営方針によって、領民の流出に拍車がかかるのではないかと、頭を悩ませたのが諸国の大名たちでした。越後各地では、佐渡へわたる金穿りから一人一〇貫文の税をとり、能登・越中でも五貫文ずつ徴収しましたが、それでも人々の流出は止まらず、加賀藩では百姓の渡航を禁止する措置にまで発展しました。税を課せられても、金銀への欲望を断ち切れない山師たちは後を絶ちませんでした。しかし、うまい話には落とし穴があるのも事実です。採掘にあたり、いくつかの条件が求められたのでした。鉱脈を一〇日間で探し当てる眼力が必要だったことは言うまでもありませんが、その鉱区を落札した場合、金穿り人足らその労働力を確保し、彼らに給金を支払う資力があるかどうか、また、穿り出した金銀鉱石を精錬する施設を保有しているかどうか、つまり、もともと資金力がなければ、他の山主たちと競り合うことは事実上、不可能であったのです。清六の時代、最終的に三万五千人の猛者たちが佐渡に押し寄せましたが、ほとんどの山師たちには厳しい現実が待ち受けていました。大金を手にできた人たちは、大坂庄右衛門らほんの一握りの人たちだったとされています。

佐渡鉱山での金脈発見以来、産出された金銀が江戸幕府の重要な財源になったことは言うまでもありません。慶長八（一六〇三）年、佐渡は家康がその支配を命じた、代官頭大久保長安《ながやす》の管轄になります。慶長から寛永年間にかけての最盛期には金が年間四百キログラム、銀が四〇トン強採掘される日本最大の鉱山でした。産出された金や銀は幕府に上納、これを金座、銀座が預かり、その後貨幣に鋳造されました。大久保長安の没後、衰退に向かっていく金山復興に大きく貢献したのが、奉行の鎮目《しずめ》市左衛門《いちざえもん》惟明《これあき》です。彼は貨幣流通の円滑化と銀の島外流出を防止するため、佐渡一国でしか通用しない極印銀や小判をつくるなど、経済の活性化に尽力しました。元和八（一六二二）年の頃です。ただ、これも長続きはせず、再び衰退の道を辿るようになってしまいました。

　さて、徳川幕府最大の直轄鉱山であり、幕府の財政を支え続けた佐渡金銀山開発も他の鉱山開発同様に建て直しが必要になりました。そのため、幕府は対

「佐渡金山奥穴の図」
（歌川広重『諸国名所百景』国立国会図書館）

策を急ぎます。外国人技師を招き、事態打開を図ろうとしたのです。その際、佐渡金銀山の再建に最初にかかわったのが英国人技師のエラスムス・ガワーでしたが、幕府崩壊・維新という時代の大転換期に遭遇し、結果的に再建の道半ばで佐渡を去ることになります。慶応三（一八六七）年、幕府は御雇い英国人技師ガワーを北海道・箱館（函館）の茅沼《かやぬま》炭鉱から佐渡に差し向けました。ガワーが箱館から夷《えびす》（両津）港に上陸したのは慶応四（一八六八）年一月ことで、明治維新の一〇カ月前です。当時は、新しい外国の技術を採用することだけが根本的解決策であると考えられていました。幕府は金銀山堀削技術の大転換策に期待をかけましたが、結果的に金銀山を立て直すことには繋がりません。

このほか、幕府は難局打開のため、大島高任《おおしまたかとう》らを登用し、佐渡鉱山での鉱業開発にあたらせました。大島は鉱山を「西洋の仕法」をもって開発することが国を富ませる上で欠くことのできない条件の一つであると主張しました。つまり、金銀鉱山開発を根底から革新すべきであると提案しましたが、これもなかなかうまくいきませんでした。岩手県南部藩出身の大島は、長崎で洋学を学んだ後、慶応三年に釜石に日本で最初に鉄鉱製錬用の洋式高炉を建設したことでも知られています。工部省の小坂鉱山局長、佐渡鉱山局長にも任じられ、近代化日本における採鉱冶金学の草分け的存在でした。

都市貧民対策としての「人返し令」

佐渡金山の開発について江戸後期には、江戸から累計で二千人超の無宿人（浮浪者）らが強制的に佐渡に連行され、鉱山で苛酷な労働を強いられるようになります。坑道をつくるにあたり、地下水が溢れ出ますが、これを汲み上げるのが水替《みずがえ》人足たちでした。水替をする者は水替穿子《ほりこ》と呼ばれました。当初は村人たちがこの作業に当たっていましたが、安永七（一七七八）年以降、連行された無宿人たちが水替の仕事に従事させられました。

幕府は、江戸の人口増加による需要の不安定を正すため、頻発する打ちこわしの主勢力になる貧民たちを少しでも農村に送り出して、江戸の物価安定と治安の維持を図ろうとしました。これは「人返し令」として知られています。老中田沼意次の時代に発案され、幕府崩壊までの約百年間続きます。「市中の無宿者を男女問わず狩りこんで強制労働につかせ、改悛すればこれを釈放して正業につかせるという不穏分子に対する予防拘禁的措置である石川島人足寄場の設置も人返し令と関連した都市貧民対策だった」（大石慎三郎著『徳川吉宗と江戸の改革』）といいます。

ところで、吉村昭の小説『赤い人』は、樺戸集治監の明治十四（一八八一）年の開設から大正八（一九一九）年の廃監までの三八年間の歩みを辿った北海道監獄史で、開拓裏面史になっています。国策に沿って赤い囚衣の男たちに課された死の重労働でした。北海道では明治十年代、重罪人を隔離する集治監が建設されます。樺戸のほか、明治十五（一八八二）年に空知、同十八年に釧路に集治監が創設されました。囚人を囲い込むという意味で、北海道が最適地との意見を述べたのは、内務卿の伊藤博文（初代首相）です。そして、集治監を建設する事前調査に派遣されたのが内務省の月形《つきがた》潔《きよし》でした。月形は樺戸集治監の初代典獄《てんごく》に就任しています。この集治監では「新撰組副長助勤だった永倉新八が、樺戸の看守たちの剣道師範をしていたことがある」（榎本守恵著『北海道の歴史』）とのエピソードも伝わっています。

佐渡金山開発では、労働力の担い手になったのは、江戸から「島送り」された無宿人たちでした。現代風に言うと、ホームレスの人たちといったところでしょうか。無宿人を水替人足として送ろうと考え、これを実行に移したのが幕府勘定奉行の石谷清昌《いしがいきよまさ》です。石谷は過去に佐渡奉行として赴任したこともあります。吉村昭著『赤い人』で描かれた罪人と異なり、無宿人は重罪を犯して「島流し」されるわけではありませんでしたが、実態は罪人同様の扱いを受けたと言っても過言ではありません。無宿人の第一陣が佐渡に送られてきたのは、安永七（一七七八）年でした。

佐渡に強制的に送られた無宿人たちは当初、江戸市中に限られていましたが、後に長崎や大坂の天領地からも送られるようになり、前述したように、累計で二千人を超えるまで膨らみました。彼らは信州、三国、会津通りの三道交代で佐渡に向かったといいます。見せしめのように送られる無宿人たちに対し、沿道の宿場から、村々のイメージが損なわれる、治安が脅かされるなど様々な苦情が寄せられるようになりました。そこで幕府はそうした不満や不安を分散させる狙いで、三つのルートに分けて佐渡に送り込むことにしたのです。一方、幕府側は、無宿人を流人並みに目籠で送ったのですが、これは見せしめによる犯罪防止に繋げようとの意図があったとされています。明治維新の精神的指導者、思想家で長州を脱藩した吉田松陰（安政の大獄により江戸で刑死）は、佐渡鉱山の坑内を視察しています。『東北遊日記』で「大工（注：坑内労働者）、鉱卒は強壮にして力ある者でも十年に至ればるい弱として気息えんえん。やがて死に至ると聞く」と、その悲惨さを伝えています。

磯部欣三著『佐渡金山』によると「天領以前の佐渡の人口が五万五千人だったのに対し、鉱山町が誕生したことで二十―三十年の間に三万五千人から四万人が渡って来て、人口がほぼ倍近くになった」といいます。佐渡金山は明治二十九（一八一六）年に三菱合資会社に払い下げられます。大正七（一九一八）年には三菱鉱業（現三菱マテリアル）に引き継がれ、一九八九年三月末、鉱量枯渇で採掘中止に至りました。二〇〇八年九月現在の人口が六万四千人であることを踏まえると、江戸時代にいかに多くの人たちが佐渡の鉱山開発に関わっていたかが偲ばれます。佐渡の島面積は約八五五平方キロメートル。佐渡金山の鉱脈は東西に約三千メートル、深さは八百メートルの範囲に分布、坑道の総延長は約四百キロメートル、約三九〇年間に採掘された金の量は七八トンで日本一、銀の産出量は二三三〇トンに及びました。

栄華を誇った佐渡金山開発もいつしか斜陽のときを迎えます。鉱山開発に携わった人たちの悲哀を、太宰治は小説『佐渡』のラストシーンで象徴的に描いています。

「外はまだ薄暗かった。私は宿屋の前に立ってバスを待った。ぞろぞろと黒い毛布を着た老若男女の列が通る。すべて無言で、せっせと私の眼前を歩いて行く。『鉱山の人たちだね。』私は傍らに立っている女中さんに小声で言った。女中さんは黙って首肯《うなず》いた」。

幕府崩壊に繋がった金銀の国外流出

ペリーの黒船来航は、日本を取り巻く状況を一変させることになります。安政五（一八五八）年、日米修好通商条約が締結されました。この条約で米国ドルと日本の貨幣を交換する際のレートが決められます。ところが、後述するように、これは日本にとりとても不利な条件でした。外国の貨幣は日本の貨幣と同じ種類のものは同じ量目で交換するというルールで、同様の通商条約がオランダ、ロシア、英国、フランスとも結ばれたのです。

開国後の日本で最も多く使用されたのが、メキシコ・ドルでした。当時、メキシコは銀の産出が多く、多量の銀貨を造って世界に輸出していました。日本ではこれをメキシコ・ドル、洋銀などと呼びました。ところが、この洋銀百枚（百ドルに相当）が日本の一分銀三一一枚と重さが同じで、洋銀一枚で一分銀三枚を入手できました。含有銀の分量を基準にすると、洋銀一枚は一分銀二枚の価値しかありませんでしたが、このことは全く考慮されていません。外国での金銀比価は重量で金一対銀一五の比率でした。日本では、天保小判一枚に含まれる純金（六・四グラム）と天保一分銀四枚に含まれる銀（三四グラム）の割合から金銀の比価は金一グラムに対し、銀約五グラムでした。海外と比較して三倍も銀の価値が高くなっていました。つまり「日本では洋銀（主としてメキシコの一ドル銀貨）を純銀がほぼ同量の天保小判三枚に交換することができた」（太田晴雄著『かくて金《ゴールド》は蘇える』）

というわけです。

外国貨幣との交換を考える場合、金あるいは銀の含有量を問題にするのは当然のことでしたが、日米修好通商条約では金銀の目方のことしか言及されていません。なぜこのようなルールになったのかははっきりしてないようです。鎖国中でも長崎出島を通じて西洋の貨幣事情を知る機会があったはずでしたが、実際にはその理解が極めて不十分なうちに開国へ追い詰められていったようだというのが、一般的な見方になっています。

幕府が対策に乗り出したのは安政六（一八五九）年です。それまでの金銀比価を三倍に引き上げ、万延元（一八六〇）年には、金の含有量を三分の一に圧縮した新金貨、万延小判を発行。これにより、金の流出が一応、下火になりましたが、もはや財政悪化をとどめることは難しく、幕府崩壊の原因の一つにされています。万延元年の幣制改革について「金貨の投機取引によって、幕藩制下の貨幣制度が解体されつつあった流れをくいとめ、それを再建・維持する役割を果たす一方、この幣制改革は、崩壊寸前にあった幕府財政をたてなおすための起死回生の劇薬であった。それが劇薬であったのは、貨幣供給の急激な増加による物価急騰は、社会をいっそう混乱させ、やがては幕府の権力基盤を掘り崩すことになったからである」（神木哲男・松浦昭編著『近代移行期における経済発展』）との指摘もあります。

金銀のほか、銅の重要性も見逃せません。薩摩藩の倒幕の大きな財源になっていたのが天保銭です。これを鋳造するには大量の銅が必要になります。薩摩藩は領内だけでなく、支藩の佐土原藩まで赴き、梵鐘や仏具などの銅製品まで手に入れていたといいます。

ところで、幕末の志士、坂本龍馬は慶応三（一八六七）年六月、国家体制論『船中八策』を起草しました。大政奉還を前提に、議会開設、官制刷新、海軍拡張など八項目にわたっていますが、そのなかには「金銀物貨、宜シク外国ト平均ノ法ヲ設クベキ事」と、貨幣整備の必要性も訴えています。坂本は、新しい統一国家をつくるための重要項目として「金銀物価」の項目を入れました。無知から生ずる損失を見逃すわけにいかないとの思いが強かったのかも知れません。

銅が人間を食った怪事——足尾鉱毒事件

江戸幕府の銅需要は足尾銅山（栃木県都賀郡足尾町、現日光市）によって支えられていました。徳川家康はその権勢を誇示する目的で、江戸城などの屋根を銅板ぶきにしています。日光東照宮も銅板ぶきでつくられていますが、原材料になった銅は、足尾で産出された銅が利用されていました。足尾銅山は天文年間の末期に発見され、慶長十五（一六一〇）年に幕府直轄の鉱山になりました。その後、明治政府、栃木県などの管轄を経て、明治十（一八七七）年、古河財閥当主の古河市兵衛に買い取られます。古河は外国から新しい技術を導入、採掘したところ、それが見事に当たり、産出量が購入時の一〇倍まで増加したといいます。古河は、第一銀行や相馬藩の家令であった志賀直道を通じて資金を借り入れ、草倉銅山を購入、ここで稼ぎ出した資金で足尾銅山の買い取りに成功しています。直道は『暗夜行路』、『和解』などの作品で小説の神様と称された志賀直哉の祖父にあたります。

　採掘作業が進むにつれて様々な問題も発生しました。鉱山の坑内から出る硫酸銅を含んだ水をそのまま渡良瀬川に流し込んだところ、その鉱毒で川の魚が死滅する被害が発生したのです。明治二

古河市兵衛（左）と田中正造（国立国会図書館）

十九（一八九六）年の大洪水では、流れ出した鉱毒で流域一帯の農作物や家畜に大きな被害を与え、問題が深刻化していきます。こうした事態に立ち上がった政治家がいました。栃木県選出の衆議院議員、田中正造です。田中は大洪水に先立つ明治二十四（一八九一）年、第二回帝国議会で既に鉱毒問題を追及、鉱業停止を要求しています。その結果、鉱毒調査会が設置されることになり、多少の前進は見られましたが、全面的な解決にはおよそ程遠いものでした。
　一方、大洪水の被害を被った農民たちの怒りは収まりません。彼らは上京して抗議行動に出ました。明治三十三（一九〇〇）年には群馬県川俣で、被害農民が警察隊と衝突して数十人が兇徒聚衆罪で逮捕される事態を招いています（川俣事件）。この事件で被告

にされた農民たちは予審での有罪が確定します。そんななか、古河市兵衛は従五位に叙せられました。小山文雄はその著『文明のなかの男たち Ⅱ』で「田中（正造）は日記に『内を見よ。人を殺すもの従五位となる。国土を守る忠義は獄にあり』と嘆いた」と記しています。服部之総・入交好脩監修、日本経済史研究会編『近代日本人物経済史』によると、当時、鉱毒歌が流行ったといいます。その一節には、

人のからだは毒に染み
孕めるものは流産し
育つも乳は不足なり
二つ三つまで育つとも
毒のさわりにみな倒れ
悲惨なことかぎりなし

と歌われたほどです。事態打開を図るべく、田中正造は決断します。明治三十四（一九〇一）年十月、衆議院議員を辞職。田中は東京・麻布宮村町に住んでいた社会主義者で、万朝《よろずちょう》報《ほう》記者の幸徳秋水（後に大逆事件で逮捕・処刑）を訪ねました。天皇への直訴状起草を依頼するためです。田中の申し出に対し、幸徳はこの行為が無謀であると逡巡します。しかし、田中の決意が翻らないことを悟ると、幸

徳は「文能く人を動かすこともあり得ないではない」と徹夜で書き上げました。同年十二月十日、田中は天皇への直訴を試みますが、結局、果たすことができませんでした。「辛酸入佳境　楽亦在其中」。これは、田中正造が残した句です　。艱難辛苦のなかにあってもそれを飄々と受け流していることで、却って田中の強靭な意志が伝わってくるようです。明治三十七（一九〇四）年以降、栃木県の谷中村に住んで農民とともに闘い、鉱毒問題の解決に人生を捧げた田中は大正二（一九一三）年、この世を去ります。足尾鉱毒事件は、日本で最初の公害問題として歴史に汚点を残す結果になりました。当時、平民新聞記者として、現場に足を踏み入れた社会主義者の荒畑寒村《あらはたかんそん》はこの事件を「銅が人間を食った怪事」と表現し、鉱山経営者らを糾弾しました。

北海道への移民斡旋

足尾鉱毒事件の社会に与えた影響について、井出孫六はその著『明治民衆史』で「社会問題に対する学生の運動も芽生えていったのではないかと映る」との見方を示しています。明治三十年代、東京・神田で開かれた足尾鉱毒反対の演説会に駆けつけた、当時、東京帝国大学の学生だった河上肇（京都大学教授、後に大学を追われ無産運動を展開。『貧乏物語』を執筆）は、内村鑑三や木下尚江らに続き登壇した田中正造の演説を聴き「投ずべき浄財のないまま、学生服を脱いで、これを貧窮の底にあえぐ被災民に贈ろうとしたのだった」と正義感を剥き出しにしています。明治時代の後半には足尾鉱毒事件のほか、別子銅山（愛媛県新居浜市）や小坂銅山（秋田県）など全国各地の鉱山で鉱山争議や煙害が社会問題化しました。

時代が昭和に移り、軍靴の響きが迫るにつれて、徴兵に駆り出されたり、他鉱山への転出などで労働力が不足します。労働力の供給は日本国内にとどまらず、朝鮮半島や中国にも及びました。野添憲治著『企業の戦争責任』によると「古河鉱業株式会社足尾鉱業所に、はじめて朝鮮人が連行されたのは一九四〇年で、敗戦までに二四一六人が来た。おもに坑内の運搬夫をやり、七三人が死亡した」。さらに、「朝鮮人の次に、中国人連行者が一九四四年に来た。（中略）足尾鉱業所に来た二五七人の中から、帰国するまでに一〇九人が死亡している。死亡原因を調べてみると、ほとんどが栄養失調と胃腸・大腸カタルである」と付け加えています。

足尾銅山開発は近代日本の殖産興業を支える一方、鉱害も急拡大しました。栃木県庁は罹災者たちの救済策として鉱毒被害を蒙った人たちに北海道移民を斡旋します。第一次入植は明治四十四（一九一一）年に行われ、一行は野付牛（現北見市）を目指しました。同年四月七日に栃木県を出発、苦難の末、十二月に目的地に辿り着きました。入植者たちはその場所を彼らの故郷にちなみ「栃木」と名付けます。開拓民はジャガイモの植え付けから始めましたが、まさに苦難との闘いの連続でした。それでも紆余曲折を経ながらジャガイモ栽培は着実に根付いていきます。「ジャガイモ栽培で農業経営の基礎を固めた開拓民たちはその後、酪農に転進、『酪農立町』を成功させた」（伊藤章治著『ジャガイモの世界史』）。

ジャガイモをはじめとする農作物や酪農などは、現在の北海道で一大農産業へと発展していますが、入植者たちの想像を絶する困難克服との闘いでもあったのです。ジャガイモ栽培の広がりは目覚ましいものがありました。北海道はじめ、青森、鹿児島、長崎などジャガイモは全国に普及していきました。山本紀夫著『ジャガイモのきた道――文明・飢饉・戦争』では「年間生産量は明治三十六年まで二七万トン程度であったものが、三十八年には四四万トン、四十年には五五万トンと五年たらずのあいだに約二倍になっている。そして大正初めには七〇万トン、大正四年には九六万トン、そして五年には百万トン、八年には一八〇万トンにまで達したのである」と、その発展ぶりが紹介されています。

日本でプラチナ（白金）ラッシュがあった！

米墨戦争（アメリカ＝メキシコ戦争）の結果、カリフォルニアが米国に帰属することになってから三年目に当たる一八四八年一月十日、「ジェームス・W・マーシャルという男が、新領土カリフォルニアのサン・ジョアキン・ヴァレイで、はじめて砂金を発見した。（中略）一度金鉱発見の報が伝わると、事態はガラリと変わってしまった。電話で、アメリカじゅうに報告される。やがて、熱病的なゴールドラッシュ！」（服部之総著『汽船が太平洋を横断するまで』）。一八四八年からの約一〇年、カリフォルニアでのゴールドラッシュで「当時の相場で五億八千三百万ドル相当の黄金がとれた」（越智道雄著『カリフォルニアの黄金』）といいます。興味深いことに、ジョン万ことジョン万次郎（中濱萬次郎）は、米国から日本への帰国資金を稼ぐため、カリフォルニアの金鉱山で採掘作業に従事、七〇日間で六百ドルの大金を手にしたとされています。そして、ゴールドラッシュで金鉱山に飛び込んだ唯一の日本人がジョン万次郎だったのです。

ところで、米国のゴールドラッシュに似た現象が、かつて日本でも明治時代に発生しています。プラチナ（白金）は現在、日本でほとんど産出されていませんが、北海道でプラチナ金属の砂白金が採取される時期がありました。それはイリドスミンと呼ばれた金属です。当時、夕張川などで砂金を採る作業が盛んでした。その際、白色で比重の大きい金属であるイリドスミンが混じり、砂金にこれが混入していると溶解せず、金細工加工の妨げとなるなど、砂金堀りにはとても厄介な存在でした。ところが、明治二十八（一八九五）年に北海道庁が調査に乗り出し、農商務省地質局で分析したところ、一転して宝の石として注目され始めたのです。イリジウムを多く含有するイリドスミンは万年筆のペン先に利用されます。大正時代に入り、万年筆の需要が増加するに従い、イリドスミンの需要もうなぎのぼりになりました。北海道にはこれを求める仲買人らが押し寄せ、ゴールドラッシュならぬプラチナラッシュの様相を呈したほどだったといいます。当時、最大の仲買人は北海道・名寄の島田商店でした。産出されたイリドスミンの九〇％を取り扱い、これを買い受けたのが東京の地金商、徳力本店です。ちなみに、徳力本店は地金商として国内で最古の歴史を誇り、現在に至っています。徳力屋藤七が江戸南町奉行の大岡越前守、諏訪美濃守から営業を認可されたのは、享保十二（一七二七）年のことでした。

昭和に入り、戦時色が濃くなるにつれ、航空機を中心に電気工業、火薬製造など軍需物資として白金族の需要は増加の一途を辿ることになります。需要増に生産が追いつかず、その結果として価格暴騰に繋がりました。渡部行著『プラチナの魅力』によると、政府は昭和十四（一九三九）年、白金族であるイリジウムの公正価格として一グラム当たり三三円三三銭と制定します。その後、昭和十五（一九四〇）年五月十四日、商工省は「白金統制規則」を制定するとともに「日本貴金属株式会社」を統制会社に指定。日本貴金属と同社が指定した者以外は白金の採取、輸入、販売などができないようになります。この指定業者に島田千代松率いる島田商店が選ばれました。

しかし、太平洋戦争に突入したことで、白金輸入は完全に途絶えてしまいました。政府は商工大臣の岸信介が増産命令を出し、昭和十八（一九四三）年十二月に「帝国砂白金開発有限会社」を設立しますが、期待以上の成果を得られませんでした。そして、終戦（昭和二十年）と同時に操業停止に追い込まれることになります。戦後、首相まで登り詰めた岸信介は昭和三（一九二八）年、商工省の官僚として『取引所法』を著しています。このなかで、取引所は経済組織で欠くことのできない機関であると主張し、先物市場の育成が必要との見解を示しています。ところが、後に主要産業統制法の立案にかかわるようになると、一転して先物市場の否定論者に変貌しました。

白金溶解の先駆者——村松万三郎

明治期に日本で初めてプラチナ（白金）の溶解に成功した人物がいました。村松万三郎です。彫金師から出発した村松は金銀細工師として活躍した後、貴金属装飾品の量産化に入りました。村松は嘉永三（一八五〇）年生まれ、幼名は太田万三郎と言います。十二歳のとき、士族村松長次郎の養子になりました。幕末江戸を代表する彫金師、宝真斎寿景のもとで二十三歳まで修業しています。その後、独立し宝龍寿春と号しました。明治二十四（一八九一）年、松村は日本で初めてプラチナの溶解に成功します。溶解したプラチナは軍需用として使用されました。背景には明治政府の富国強兵策があったのです。

文明開化とともに刀剣の付属品などの需要減退で、村松は指輪、時計鎖などを扱う金銀細工師に転身します。明治二十一（一八八八）年には、東京・本所に五つの工場を立ち上げ、貴金属装飾品の量産化に取り組みました。これがズバリ当たります。二〇年後には従業員が三百人に上るまで成長していきます。村松貴金属工場で製作された製品にはシンボルマークである犬印の刻印がなされ、信頼を得ました。『プラチナの魅力』によると、村松は宝飾品業界の先駆者にとどまらず、後に業界をリードする人材を育成したことでも知られています。例えば、服部セイコー（現セイコーホールディングス）の創業者、服部金太郎は村松の薫陶を受けた一人です。当時、服部は村松貴金属工場の製品を売り歩いたそうです。また、世界の真珠王、御木本幸吉や、シチズン時計の創業者である山崎亀吉も村松と縁《ゆかり》のある人たちです。真円真珠の養殖に成功した御木本は明治四十（一九〇七）年、東京・築地に工場を設立しました。その際、村松は工場長はじめ、技術者数人を御木本の築地工場に派遣して貴金属の加工技術を指導したといいます。明治期にプラチナは希少金属で、庶民には高根の花でした。というよりも、ほとんど入手不可能といったほうが正確でしょう。尾崎紅葉の小説『三人妻』は、財力と権力を兼ねた男が三人の愛人を囲う話ですが、ストーリーに登場する芸者を〝白金と人に言われる女〟と表現しています。尾崎は、カネや地位に靡かないのを高潔な女性と見立てプラチナに譬えたとされています。

村松万三郎は明治四十一（一九〇八）年、五八年の生涯を終えます。東京の下町、三河島の清国山浄正寺には、本堂近くに村松の功績を称えた石碑があり、総理大臣の桂太郎による顕彰文が彫られています。

第八章　『女工哀史』と製糸産業

日本のシルクロードが誕生

安政六（一八五九）年七月一日、横浜が開港しました。明治初期の主力の工業輸出品は生糸で、明治政府のドル箱ともいえる商品でした。開港したことで、当時、横浜に生糸を供給した主要な地域である桐生、前橋、富岡、岡谷、諏訪などとの結びつきが強まりました。それは、これらを結ぶ日本のシルクロードが生まれる契機になります。上州・群馬は「古来、日野絹に象徴された絹の国。関八州を吹きおろす浅間颪と、はるかな大利根の源流である。県内三十数カ所あった河岸は、大正期まで三百年続いた利根川の舟運をささえ、明治十七年、高崎線が開通するまでには、ニューヨーク相場をにらみながら横浜に荷を届ける絹のみちでもあった」（藤林信治編『ドキュメント　群馬事件』）。

一一五年の歴史に幕を閉じた生糸取引

開港から一五〇年経た二〇〇九年。この年、横浜は祝賀ムードに包まれ、これを祝う各種イベント、シンポジウムなどが年間を通じて大々的に執り行われました。各種催し物が華やかに繰り広げられる一方、生糸取引の盛衰を象徴するような出来事も重なりました。東京穀物商品取引所に上場される生糸先物取引が同年九月末日をもって終了し、一一五年の歴史に幕を下ろしたのです。東穀取は二〇〇六年、横浜商品取引所を合併した際に生糸取引を引き継ぎましたが、その後も当業者の会員脱退や廃業などが相次ぎ、それにともない、出来高（ボリューム）の減少に歯止めがかからず、結果的に上場廃止の選択を強いられることになりました。〇九年十月一日、『日本経済新聞』は「生糸先物　百十五年の歴史に幕」という見出しで、次のように報じました。「現在は生糸の国内流通の九割が中国産で、国内取引価格も中国のオファー価格と為替で決まるため、先物は現物の指標価格ではなくなった」。〇九年二月に大阪での生糸取引も既に上場を廃止していたため、繊維系上場商品が国内市場すべてで姿を消すことになりました。

生糸のほか、乾繭《かんけん》先物を取引していた国内の取引所に前橋乾繭取引所と豊橋乾繭取引所がありました。乾繭とは、文字通り、乾いた繭を指します。繭は生糸の原料になります。繭は蚕が桑の葉を食べて口から吐き出す糸によってつくられます。約四週間かけて出来上がった繭の中には蛹が生きており、これを放っておくと成虫の蛾になって糸層を破って外へ飛び出してしまいます。そこで、その前に熱処理を加えて乾燥させ、長期保存したものが乾繭です。この乾燥した繭を紡いだものが生糸で、様々なシルク製品に加工されています。

筆者はかつて、日本一の蚕糸県である群馬県の前橋市を中心に養蚕農家や蚕業試験場、繭検定所、指定倉庫、蚕糸販売農業協同組合など繭の生産から流通までの過程を取材したことがあります。昭和五十年以降、繭生産高は減産し続けています。実際に現地に足を運んでみると、衰退産業にあることが肌で感じられました。都市化による桑畑の消滅、若年層の離郷による労働力不足、海外からの安価な生糸・絹製品の流入で国内市場が圧迫を受けたことなどが主な要因に挙げられました。当時、群馬県北群馬郡吉岡町で養蚕業を営む農家を訪ねた際、ここの経営者は養蚕業の将来に悲観的な見方を示していました。「後継者の問題は緊急に解決すべき大きな課題ですが、それよりも養蚕業に張り合いを失う高齢者たちが増えているほうが深刻ですよ」。養蚕業の衰退は前橋乾繭取引所での売買低迷にも繫がるとともに、横浜商取との合併を促す契機にもなりました。結果的に、統合後の新取引所でも売買活況には程遠く、東京穀物商品取引所に統合されるという運命を辿っています。

ところで、蚕の産地である群馬県前橋市に乾繭取引所があるのは、ある意味、当然のことと納得できますが、愛知県豊橋市になぜ、乾繭取引所が生まれたのでしょうか。実は豊橋の製糸業の始まりは群馬県や前橋市と深い関係がありました。明治時代の初め、上州から伊勢参りに訪れた夫婦が、旅の途中に愛知県二川町（現豊橋市）に立ち寄りました。たまたまこの夫婦は製糸業を生業にしていました。その際、地元の人たちから製糸の技術を伝授してほしいと要請され、指導を開始したのですが、結局、そこに居つくことになり、挙句の果てに製糸工場まで設営してしまったというのです。この人物こそ玉繭から糸を取り出す技術の開発に成功し、愛知県を玉糸製糸日本一の地にした功労者、小渕《こぶち》志ちです。やがて豊橋の製糸業は拡大の一途を辿ります。「製糸では日本の八割を占めるまでになった。最盛期には糸を取る工女は一万七千人を数えた」(佐滝剛弘著『日本のシルクロード』)といいます。こうした縁がきっかけで、豊橋にも乾繭取引所が設立されるようになりました。

生糸で繁栄した港都——横浜

「横浜は、幕府という政治権力によって一朝に創り出された港湾都市である。都市計画では、日本人町と外国人居留地とが真二つに分けられた。土着の農漁民が追放され、江戸その他外部から商人が移住してきた。権力によって創り出された町だから、住民の自治などありうるはずがなく、神奈川奉行の完全な支配のもとにおかれた。町の周辺の要所には関門・番所が設けられ、外部との交通をきびしく取り締まった。横浜が開港場として確定してからまもなく、東方の丘陵との間に運河が開削され、幕府の意図そのままに横浜はその周辺をすべて水で囲まれた第二の『出島』になってしまった」

(石井孝著『港都横浜の誕生』)

そもそも、横浜開港までには紆余曲折がありました。開港に至る過程で大きな役割を演じたのが、開国政策の推進者であった海外防禦御用掛（海防掛）の岩瀬忠震《ただなり》です。まず岩瀬は大坂と江戸の経済的地位を調査します。大坂は全国的商業の中心地になっているのに対し、江戸は人為的に形成された都市です。大坂を開港すれば、経済的な利権は大坂に集中することが予想されます。岩瀬は「江戸に近い横浜を開港し、輸出品は江戸を経て輸送し、輸入品も江戸を通じて配供すれば、全国の経済的利権は大坂の代わりに江戸に集中するであろう」と考えたのです。横浜開港を主張した岩瀬は対米交渉の一人になります。当時、幕府の権力を握った大老、井伊直弼は外国との交渉をできる限り制限しようと企てました。井伊は、東海道から離れた辺鄙な地に外国人を閉じ込めようとの立場から横浜開港を主張します。一方、外国側は横浜でなく「神奈川」の開港を主張。米国公使タウンゼント・ハリスと外国奉行との間で行われた交渉で「神奈川」を主張するハリスと「横浜」を主張する外国奉行との間で意見の一致を見ませんでした。話し合いが平行線を辿る間、幕府は横浜に開港場を建設する方針を固め、開港の期日までに横浜の町づくりを進めていきました。幕府の一方的な行動に対し、ハリスと英国総領事（後に公使）ラザフォード・オールコックは猛烈に反対しました。ところが、外国人たちも横浜に住居を求め、移り住むなど既成事実化していきます。

横浜開港までの幕府の方針について、司馬遼太郎はその著『歴史と小説』で「生麦事件などがあり、幕府は考え込んだ。神奈川には日本の幹線である東海道が通っている。便利すぎてなにかにつけて（たとえば生麦事件などもあり）心配である。ということで、当時百戸ばかりの僻村だった横浜に開港場を移した。江戸幕府の基本的な性格のひとつである消極退嬰事なかれ主義のあらわれが、こんなところにも出ている。やがて出来た横浜港はそれを生んだ幕府の鬼っ子になり、資本主義的繁栄を示しつつ封建経済ぶちこわしに大きな役割を果たした」と紹介しています。

商人たちは横浜進出に乗り出しますが、当初は必ずしも積極的な動機で出店を考えていなかったようです。開港当時、神奈川奉行所に勤務していた福地源一郎（桜痴、後に東京日日新聞社社長）はその著『懐往事談』で「江戸、神奈川、下田其他諸方の商人を奨励して、以って家屋を此新地に建築せしめ、外国貿易に従事するの用意を為さしめたり。されば三井を初として江戸の重立たる商人等が当初横浜に開店したるは、更に其店主の奮発に出たる進取の商略あっての故に非ず。商人などは皆外国貿易の前途如何を知らずして、其実内心にては真平御免と考へて更に前往の意なかりしを、幕府の外国奉行其外が頗に勧誘し聴かざれば、之に継ぐに威迫を以ってして出店せしめたるなり」（石井孝著『港都横浜の誕生』から孫引き）と記しています。開港を決定した幕府は、江戸や地方商人に横浜出店を奨励しました。福地が指摘しているように、それは奨励というより強制、脅迫に近いものでした。日本一の富商三井家などはその第一の標的にされました。

その一方、横浜開港を好機と捉えた人物がいたのも事実でした。幕末の儒学者、思想家の横井小楠です。肥後出身の横井は当時、越前福井藩主の松平慶永《よしなが》（春嶽《しゅんがく》）に招かれ、藩政顧問になり、藩の富国策を指導しました。横井は貿易にも力を入れ、開港直後の横浜に商店を出すことを奨励しました。その際、経営を任されたのが岡倉勘右衛門でした。横浜で石川屋（越前屋）を率いた岡倉は、越前国産の生糸、絹紬を外国商館に売り込む仕事に従事したほか、横浜居留地で発行されていた英字新聞『ジャパン・コマーシャル・ニューズ』などを手に入れ、また、外国人と接触して得た情報を書簡で報告するなど、横浜における探索方の役割も演じていました。しかし、明治維新の後、廃藩置県で藩営商社であった石川屋は閉鎖されることになります。岡倉には、港一郎（幼少時に病没）、覚三、由三郎の息子たちがいましたが、覚三は後に『東洋の理想』や『茶の本』などを著した岡倉天心です。

生糸貿易で豪商を輩出

横浜に進出した商人のなかには、生糸取引などを通じて莫大な儲けを手にする人たちも現れました。明治前半、横浜では豪商と呼ばれる人たちが数多く輩出されています。主な商人は、原善三郎、茂木惣兵衛、木村利右衛門、小野光景、渡辺福三郎、若尾幾造、岡野利兵衛、大谷嘉兵衛、岡田平蔵、西村勝三、越前屋総兵衛、堀越角次郎、田中平八（糸平）、杉村甚兵衛、平沼専蔵、雨宮敬二郎、高島嘉右衛門、大倉喜八郎らです。長井実編『自叙益田孝翁伝』では益田の述懐部分を引いて「みな他国から来ていた人達で大部分は武州、上州、信州、甲州の人であった。豪傑風のやり手が多かった」と記されています。

横浜で成功を収めた豪商のうち、特筆すべきは原善三郎です。彼は生糸貿易によって莫大な富を築きましたが、それだけにとどまらず横浜の政財界の要職も務めています。生糸貿易の港町であった横浜の「顔」とも言うべき存在でした。横浜取引所（後の横浜商品取引所）の初代理事長のほか、初代横浜市会議長などの要職に就いています。また、原と双璧だった生糸貿易商が茂木惣兵衛でした。一方、生糸取引などで失敗した商人として甲府出身の篠原忠右衛門が挙げられます。「生産地で安く買い入れて、それを横浜の価格で売る商法でのし上がったけれど、蚕種の投機では、普仏戦争でフランスが敗北するや、フランスという市場を失い、ついには没落の憂き目をみた商人であった」（富田仁著『横浜ふらんす物語』）。

ところで実業家、原善三郎の孫娘と結婚し、原家に入った後、生糸貿易を柱として財をなし、横浜に豪華な庭園、三溪園を完成させたのが原富太郎（三溪）です。明治大正の日本産業界を最も力強く支えた生糸の輸出業者であったほか、首相の財政諮問委員に就任し、銀行も営むなど、横浜を代表する実業家としてその名を馳せました。

三溪園はもともと原善三郎が庭園として興したものですが、明治三十二（一八九九）年、善三郎没後に富太郎（三溪）が引き継ぎます。三溪園は横浜市中区本牧にあり、その広さは五万一千坪余りにも及びます。旧天瑞寺寿塔覆堂、臨春閣、旧東慶寺仏殿、月華殿、天授院などをそれぞれ譲り受けていますが、いずれも重要文化財に指定される古建築です。大正五（一九一六）年五月には、インドの詩聖ラビンドラナート・タゴールが初来日、三溪園に三カ月近く逗留しました。日本人の美意識を高く評価したタゴールの訪日は五回を数えています。また、原三溪は芸術家のパトロンとしても有名で、彼が後援した画家には下村観山《かんざん》や横山大観《たいかん》、菱田春草《しゅんそう》、今村紫紅《しこう》、小林古径《こけい》らがいます。次の世代に属する牛田雞村《けいそん》、速水御舟《ぎょしゅう》、小茂田青樹《せいじゅ》らも三溪園グループの一員になりました。三溪が再興日本美術院の画家たちのパトロンになったのは、岡倉天心の熱心な要請に応えたものでした。

富岡製糸場の建設

横浜開港を境として、日本の生糸は世界市場の花形になりました。『港都横浜の誕生』によると、純輸出額に生糸が占める割合は、万延元(一八六〇)年上半期四八・八八%、同下期六五・六一%、文久元(一八六一)年六八・二八%、文久二(一八六二)年には八六%まで達しました。この著しい伸び率について、萩原進はその著『炎の生糸商――中居屋重兵衛』で次のように指摘しています。「背景に中国における内乱の継続があったといわれる。それまでの欧米の生糸は中国の生糸が首位を占めていたが、一八六〇年八月の英仏軍と清国の戦いが続き、ついに北京が陥落したが、これらの影響で清国の生糸は自然貿易停止となったので市場を日本に求めた」。中国における太平天国の乱(一八五一―六四)で生糸の輸出が大幅に減少したことや、フランスやイタリアで微粒子病の流行により繭生産が激減するなど、欧州での未曾有の生糸凶作は日本の製糸業に追い風になりました。ところが「日本生糸の欧州での流行はその極に達した。しかし海外輸出に経験のない悲しさで、せっかくの好評判も無秩序な生産などがたたって、明治にはいると声価がガタ落ちになった」(東京商工会議所編『渋沢栄一――日本を創った実業人』)と、新たな対応策を迫られます。

明治政府は製糸革新へと乗り出します。明治四(一八七一)年三月、二〇億円の巨費を投じて官営富岡製糸場の建設に着手しました。翌年七月に竣工、同年十年に操業を開始します。このプロジェ

錦絵「上州富岡製糸場」

クトで手腕を発揮したのが、大蔵民部省官吏、後の大実業家の渋沢栄一です。フランスの先端技術を導入、それを指導する人材としてリヨンの生糸商でヘクト・リリアンタール商会横浜支店に派遣され、明治二（一八六九）年以降、日本に滞在していたフランス人ポール・ブリューナに白羽の矢が立ちました。明治三（一八七〇）年、ブリューナはまず、監督正の松井清蔭らをともない、武州、上州、信州などの養蚕地の視察に出かけます。工場を設置する場所を選定するためです。その結果、富岡周辺が、優良な繭が豊富で、動力源になる石炭や水、建材の石材が入手しやすく、機械製糸に適するとの判断に至りました。初代所長（工場長）には渋沢栄一の従兄に当たる尾高惇忠《あつただ》が就任しています。

富岡製糸場は官営工場の払い下げで、明治二十六（一八九三）年に三井家、明治三十五（一九〇二）年に原合名会社を経て昭和十四（一九三九）年、片倉製糸紡績会社（後の片倉工業）に譲渡されます。そして、一九八七年三月に操業停止に至りました。群馬県富岡市では現在、製糸場の世界遺産登録を目指しています。

二〇〇九年十二月八日、フランスの駐日大使がここを視察しました。翌日の『読売新聞』は「明治初期に同製糸場が創設された時にフランス人の技術者がかかわるなど、フランスとは浅からぬ縁があるが、同国大使の訪問は初めて」と報じています。

鉄道・郵便の発達が生糸産業拡大に寄与

製糸の製品輸送は富岡から中山道、東京経由で横浜に運ばれました。それ以前、生糸輸送と横浜市況の伝達は生糸商人と町飛脚の足が中心でしたが、明治に入ると、鉄道の出現により状況が一変することになります。明治五（一八七二）年、新橋―横浜間に日本初の鉄道が開通。また、同じ頃に日本の郵便制度が形を整えるようになったことも生糸ビジネスの発展を考える上で注目される事柄です。奥村正二は「郵便制度の生みの親である前島密らによる郵便網の整備は、生糸情報の伝達の必要性から生まれたのではないか」（『小判・生糸・和鉄』）と指摘しています。こうした近代化政策を推進したのは、渋沢栄一や前島密ら旧幕臣たちでした。

有沢広巳編『日本産業百年史』によると、明治五（一八七二）年、私鉄の日本鉄道が東京―高崎間に「中山道郵便馬車会社」を設立します。これは一般輸送以外に郵便物の配達を請け負う馬車輸送でした。毎日、一往復というこの馬車路線は日本初の長距離馬車輸送を実現しました。

日本の鉄道事業に貢献したエドモンド・モレルは、最初の鉄道建築師長として明治政府に雇用されました。ＪＲ桜木町駅の改札口を出た所には、モレルの記念碑が建立されています。政府による鉄道建設の廟議決定は明治二（一八六九）年十一月でした。「基本方針として東西両京を結ぶ鉄道を幹線と定め、東京—横浜間と、琵琶湖から敦賀港に至る線を支線として建設することが決定され、資金借入交渉全権の伊達宗城《むねなり》、大隈重信、伊藤博文は、イギリス人（ネルソン・）レーとの間に十一月十二日から三回にわけて、資金借入れ、技術者雇用に関する正式契約を締結したのである」（飯田賢一著『日本人と鉄』）。伊藤や井上馨らとともに英国にわたり、ロンドン大学で鉄道建設の技術を習得したのが「日本の鉄道の父」と称される井上勝です。帰国後、鉄道局長として建設促進に奔走します。

三井物産初代社長の益田孝は、鉄道建設当時を次のように振り返っています。「横浜にオリエンタルバンク（注：英国東洋銀行。新貨鋳造、鉄道建設にともなう外債発行などで政府に協力）というイギリスの銀行があって、これがイギリスが日本で仕事をする中枢機関であった。この銀行の支配人はロベルトソンという男であったが、これが恐ろしい手腕家であった。政府はイギリスから帰った井上勝を鉄道頭にして東京横浜間の鉄道を敷設したが、その資金はオリエンタルバンクから五百万円貸したと思う」（長井実編『自叙益田孝翁伝』）。

明治十（一八七七）年、井上勝は、大津—京都間、米原—敦賀間、東京—高崎間の建設費に関連して起業公債の裏付けを得ることに成功します。ただ、時代は松方財政が緊縮政策を掲げて登場しただけに、官営の鉄道建設は困難でした。松方財政とは、大蔵卿・松方正義《まさよし》の政策で紙幣整理、兌換性の確立、官営事業払下げなどの政策を指します。この緊縮政策でデフレを招く結果になりました。

結局、着工命令まで出た東京─高崎間の建設は後々まで見送られることになります。他方、明治十八（一八八五）年には山手線赤羽─品川間が開通。京浜間の鉄道と接続が可能になり、それまで中山道や利根川を利用してきた製糸・織物業の関係者にとり、鉄道が迅速かつ安価な輸送手段になり、経済性を加速することに繋がっています。

秩父事件──農民たちの武装蜂起

江戸から明治期における秩父地方の農民の暮らしについて、中沢市朗は著書『秩父事件探索』で「二月に蚕の祈祷を始め、そして養蚕をして、生糸をとる。七月の夏の頃、その糸で新絹を織る。それを売った金で年貢を初上納。こうした山村農民のきびしい土との格闘の中で、秩父絹織物業は元禄、宝永、正徳の時代に発展の第一の画期を迎えた」と紹介しています。

ところが、製糸業における機械化の波及により、そうした長閑な農村の生活が根底から揺るがされることになります。これまでの生産方式を守り続ける農家にとり機械化の波は甚大な打撃になったのです。明治十三、十四年頃をピークとした好景気も松方財政の影響でデフレーションを引き起こし、物価は下がる一方で、恐慌の嵐が吹きまくるようになります。商品経済の波に洗われた養蚕・製糸地帯の様相はかなり深刻なものになり、農民の生活は窮地に追い込まれていきました。

生糸の一大生産地であった秩父地方は西南戦争後の財政引き締めのため、松方デフレで農民たちは困窮をきわめ、高利の負債に苦しめられていました。この状況を打破すべく、農民たちは一斉に立ち上がったのです。明治十七（一八八四）年十月三十一日から十一月九日にかけて、埼玉県秩父郡の農民たちが政府に対して決起した秩父困民党の武装蜂起事件（秩父事件）がそれです。国内事情に加え、ヨーロッパの大不況のさなかに発生した一八八二年のリヨン生糸取引所（フランス）における生糸価格の大暴落も秩父事件の遠因になったとされています。

秩父困民党を率いる総理（代表）の田代栄助らは、警察隊、憲兵隊と衝突。当初、政府側は苦戦を強いられますが、最終的に東京鎮台（明治初年、諸地方に配置した日本の軍隊、後に師団に改称）の鎮台兵を投入、十一月四日に困民党指導部は事実上崩壊、鎮圧されます。鎮台兵の輸送には生糸を運ぶ列車が代用されたほどでした。残党も同九日、鎮台兵の攻撃を受けて壊滅します。事件後、約一万四千人が処罰、首謀者にされた田代ほか、加藤織平、菊池貫平、井上伝蔵ら幹部の計七人が兇徒聚衆罪で死刑判決。このうち、井上、菊池は欠席裁判で、井上は北海道に逃走、大正七（一九一八）年に同地で死去。菊池は山梨・甲府で逮捕されましたが、終身刑に減刑され、大正三（一九一四）年に死去しました。井出孫六著『秩父困民党群像』によると、木下尚江の名作『火の柱』のモデルは会計長、井上伝蔵であるとされ、木下に素材を提供したのが、『東京毎日新聞』の記者、井上宅治（伝蔵の甥）であったといいます。

『女工哀史』

籠の鳥よりも監獄よりも寄宿ずまいはなお辛い。

工場は地獄よ主任が鬼で廻る運転火の車。
糸は切れ役わしゃつなぎ役そばの部長さん睨み役。

（『女工小唄』）

機械化の進展が業界全体に波及していくなか、労働条件を急速に低下させ、女工哀史を発生させる土壌をつくり出しました。日本近代史のなかで女性たちが置かれた厳しい労働環境の代名詞ともなった著書『女工哀史』。その作者が細井和喜蔵です。彼の執筆にかける執念は凄まじく、大正十四（一九二五）年、歴史的名著として『女工哀史』に結実したのですが、細井は出版後ほどなく、その反響などを聞くこともなく、この世を去りました。

女工たちの多くは小作農家の娘でした。本来ならば家を離れず、農業を手伝いながら家計を助けるはずでしたが、小作農は地主に納める米をつくるだけで精一杯だったため、結果的に彼女たちが出稼ぎに駆り出されることになります。女工たちは二交代制の昼夜シフトで労働を強いられ、労働時間が一日一八時間に及ぶ工場もありました。製糸業の急速な発展にともない、各製糸場では女工を集めることが容易でなくなります。工女の出身地は、北は青森、南は大分、宮崎に及んだといいます。そのなかでも特に多かったのが、群馬、長野、滋賀の三県出身者でした。西部劇まがいの工女争奪戦は当時、信州では珍しいことではありませんでした。「各工場は社員、男工を俄山賊に仕立てて、わが社の工女輸送馬車を守るとともに、機会をみて他社の車を襲うのである。中には乗合馬車の御者を買収して、馬車ごと工女を奪い去る手口も現れた」（山本茂実著『あゝ野麦峠』）というほどでした。

苛酷な労働条件が女工たちに悲惨な生活を強いたことは言うまでもありませんが、それ以上に深刻だったのが、工場内に蔓延する結核の感染です。大正二（一九一三）年七月、医学博士の石原修は『女工の衛生学的視察』を発表。石原はここで女工たちが結核に罹患する割合が高いことを警告しました。女工千人に対し二三人という高率の死亡統計があり、そのうち七割強を結核が占めたというほどでした。これに関連して、山本茂実は次のように付け加えています。「この割合でいくと、女工七十二万人（大正中期）の千分の二十三、すなわち約一万六千五百人が毎年死んでいることになる。これは一般同年齢の女子死亡率の三倍、つまり約一万人は工場労働によって余分に死んだことになる。このうち、結核死亡はその四割を占め、また帰郷死亡の七割は結核である。ただし、これは一般繊維労働者の話で長野県下製糸女工の結核死亡統計は総死亡の七割強が結核という戦慄すべき惨状であるという」（『あゝ野麦峠』）。

農商務省が刊行した『職工事情』（一九〇三年）があります。この『職工事情』には「工業主が職工を募集するについて、ひたすらその数を満たすに汲々として、その年齢の長幼はおいてこれを問わず、極めて幼少なる者は一時軽易なる業を執らしめ、その成長を待って、これを普通職として使役するの事情もまた多少これが原因たりと推定するも、強ち不当の事にあらざるべし」などと記され、政府は職工への重労働を半ば容認していたことが分かります。第二次桂太郎内閣で「工場法」が制定されます。明治四十四（一九一一）年公布、大正五（一九一六）年の施行ですが、その際『職工事情』を参考にしたといいます。工場法は、とりわけ幼年労働者や女子労働者を保護する目的で制定された法律で、最低就業年齢、最長労働時間、深夜業禁止などが盛り込まれましたが、製造業では一日一四時間労働、紡績業では女子の深夜労働が認められていたので、実態はこれまでとほとんど変わらないものでした。大正四（一九一五）年七月、政府は、東京、大阪、神戸に肺結核診療所設置を命令しています。その後、大正十五（一九二六）年に施行された改正「工場法」で深夜業廃止、労働時間一一時間となりました。しかし、紡績女工は午前五時から午後十一時までの一八時間のうち二交替制で、引き続き厳しい勤務体系に大きな変化なく、賃金格差も改善されませんでした。昭和二十一（一九四七）年の「労働基準法」実施まで条件改善を待たなければなりませんでした。

大阪―済州島を結んだ「君が代丸」

時代が進み、工業の進展とともに、女工や男工の採用はますます困難になってきました。そのため、奄美大島や沖縄、朝鮮からの女性たちが紡績業の担い手として注目されるようになります。杉原達著『越境する民――近代大阪の朝鮮人史研究』では、梁石日《ヤンソギル》の小説『雷鳴』を糸口に、このテーマに切り込んでいます。『雷鳴』は、韓国・済州島の海辺の村に住む娘が主人公で、日本統治と朝鮮の厳格な家制度に縛られた人たちが翻弄される物語です。主人公が「君が代丸」で大阪の紡績工場に出稼ぎに向かう決意をしたところでストーリーは終わるのですが、ここに登場する君が代丸とは、済州島から半強制的に送り出された植民地下の民を大阪に集結させた船を指しています。

『越境する民』によると、在日朝鮮人の中心地であった大阪では、一九二〇年代後半以降、済州島などからの朝鮮人渡航者が増加しました。女性労働者の場合、最大の職種集団は紡績工で、どの職場においても民族差別の低賃金、劣悪な労働環境を強いられます。大正十四（一九二五）年当時、大阪はアジア最大の商業都市でした。杉原は「大阪府の工場労働者の出身地をみると、大阪、鹿児島（奄美諸島を含む）、朝鮮、沖縄で占められ、『東洋のマンチェスター』としてアジア各地に工業製品を輸出していたのみならず、植民地支配の過程で朝鮮・済州島や沖縄からの渡航労働者を内包していた国際都市であった」と強調。大正九（一九二〇）年以降、大阪と済州島を結ぶ航路で運航されたのが「君が代丸」で、それは新たな女工哀史のシンボル的存在になったとも言えます。

生態学者・民族学者の梅棹忠夫は著書『文明の生態史観』で、女性の地位向上の変遷について「資本主義は、初期の段階において女性の労働力にたよるところがたいへんおおきかった。繊維工業の女工たちである。そして日本でも西ヨーロッパでもアメリカでもくらい『女工哀史』がかきつづけられる。そして、それに応ずるかのようにはげしい女権拡張運動がそれらの各国において平行的にすすめられている。しかし、その政治的達成として参政権をえた年代をみると、各国の事情によりかなりのひらきがある。日本やドイツはアメリカより約二十年おくれた」と指摘しています。

明治二十三（一八九〇）年には綿糸の生産量が輸入量を上回ります。明治三十年代に入ると、世界の綿糸輸出市場で英国との地位が逆転しました。他方、明治四十二（一九〇九）年、日本は世界最大の生糸輸出国に躍り出ました。こうした状況下、東京では新たな文化が開花します。明治四十四（一九一二）年三月には、日本で最初の近代的劇場になった帝国劇場が開場しました。「上流階級の婦人がよく行ったので『今日は帝劇、明日は三越』というキャッチ・フレーズで、三越デパートが急成長した」（荒木信義著『円でたどる経済史』）といいます。

欧米列強の仲間入りを果たそうと、富国強兵、殖産興業に勇往邁進した日本の近代は、産業発展史という「光」の部分と、近代化を底辺で支えた庶民たちの過酷な労働生活史という「影」の部分とが否応なく浮き彫りにされた時代でした。米、金・銀・銅、生糸といった「コモディティ」に翻弄され続けた時代だったと言い換えられるのではないでしょうか。

「絹と軍艦」

さて、物資を調達する上で、国力から判断してその合理的な算定と配分を見誤ったのが軍国日本です。太平洋戦争に突入したことで、国民全体が筆舌に尽くし難い犠牲を払わされることになりました。第二次世界大戦や太平洋戦争に関する検証は多くの専門家によってなされているので、ここでは「コモディティ」という視点から太平洋戦争に至る日本の物資調達について一言触れてみたいと思います。

一九四〇年一月十六日、米内光政内閣が成立します。と同時に、政府は同年度の物資調達計画を策定しました。当時、日本は対欧米の輸出ベースで四割、輸入ベースで三分の二を米英経済圏に依存している状態でした。特に軍需用として必要な特殊鋼、非鉄金属、生ゴム、屑鉄、とりわけ、石油はそのほぼ全量を米国から輸入していました。屑鉄の対日輸出については「一九三五年から四〇年までの輸出額は一億三千百万ドルにのぼり、これはアメリカの対日輸出総額の九・四%を占めていた」（エドワード・ミラー著『日本経済を殲滅せよ』）といいます。一九四〇年一月二十六日には日米通商条約が失効となり、日本は蘭印物資の調達に猶予がない状況に追い込まれていきます。

一方、米国では一九四〇年七月二日、国防強化促進法が成立します。海軍長官のフランク・ノックスや財務長官のヘンリー・モーゲンソーらが中心になって日本への石油・屑鉄の輸出停止を主張。それに対し、国務長官のサムナー・ウェルズや陸軍長官のヘンリー・スチムソンらは日本を刺激することに繋がり、いずれは米国を戦争に巻き込むことになると反対の意を表明しています。結果的に大統領のフランクリン・ルーズベルトは後者の意見を取り入れます。同年七月二十六日には航空用燃料、潤滑油などの輸出許可規制の実施を公布することになりました。日本では、同年七月二十二日に成立した第二次近衛文麿内閣が、米英と開戦した場合の日本の国力判断について企画院に試案を作成するよう極秘に指示を出しています。この結果、基礎物資の供給力が現状の五割近くまで切り下げられ、一般民需は一割以下に落ち込むとの結論が出されました。企画院とは、第一次近衛内閣のときに設置された統制経済の中心的な機関です。「経済の参謀本部」とも言われたほどでした。

米国の対日禁輸はさらに厳しくなります。一九四〇年九月二十六日には屑鉄全部、十二月十日には鉄鋼、銑鉄など、翌四一年には銅、亜鉛、ニッケル、真鍮、苛性カリ、二月五日にはラジウム、ウラニウムなど戦争を遂行するにあたり必要になる物資が禁輸品目に追加されました。これら物資に関し、内地（本土）の在庫量が底を尽きかけていた現状を打破するには蘭印との交渉が必至との結論に達した外相の松岡洋右は、蘭印会商との交渉で元外相の吉沢謙吉を政府代表として派遣します。オランダ政府は日本が要求したスズ、ゴム、パームオイルなど五品目が対ドイツ再輸出の恐れがあると判断し、強硬にこれを拒む姿勢を崩しませんでした。最終的に交渉を打ち切り、日本は必要とする軍事物資を確保できず、やがて米国の対日資産凍結と石油全面禁輸に繋がり、いよいよ退路を絶たれることになります。

一九四一年十二月八日、日本軍はマレー半島に上陸し、ハワイの真珠湾を奇襲攻撃。米英に宣戦布告した日本は、破滅への道をまっしぐらに突き進んだのです。日米の政策における決定的な違いを、日本国際政治学会／太平洋戦争原因研究部編『太平洋戦争への道』は「米国の対日政策は長期的見通しと世界戦略に立脚し、物的国力の合理的な算定と配分に基づき、大統領による一元的統一意思のもとに推進された。これに対し、日本の対米政策の決定はドイツの勝利を過信する他力本願の千載一遇政策であり、機会主義的その都度外交であった。しかも決定された政策そのものがその表面的いかめしさにも拘わらず、政府と軍部、陸軍と海軍という多元的意思の修辞技術的統一にすぎなかった」と結論づけています。

資源確保の必要性に関連する著書が世の中に出回ったのも、太平洋戦争が始まる前後のことでした。一九三九年に刊行された澤田謙の『太平洋資源論』もその一冊です。澤田は「東亜新秩序の建設」や「東亜協同体の完成」について、南太平洋を除いて到底考えられないと主張。ここには朝鮮半島や中国大陸への侵略や、日本の南下政策によって現地の住民たちに如何なる苦痛を与えるかという点について、いささかの言及も見当たりません。それどころか、こうした侵略行為が日本の資源調達を満たすために当然の行為と言わんばかりの論調です。軍部による言論弾圧のなか、本音と建て前を使い分けなければならない時代背景があったことも事実でした。しかし、資源獲得を巡り、熾烈な争奪戦が繰り広げられる二十一世紀の現在も、過剰に反応する国が出現するという危うさを含むという意味で、当時の状況と似ていなくもありません。愚行を二度と繰り返さないためにも、私たちは歴史から多くのことを学ばなければならないのです。

第Ⅱ部を終えるにあたり、山本茂実の言葉で締めくくります。「昭和二十年四月七日、世界最大最強の巨艦大和は徳之島西方二十マイルに、悲しい最期の飛電を送っていた。アメリカに生糸を売って、その金でクズ鉄と重油をもち帰って造った日本海軍の象徴は消えた。この『絹と軍艦』というわが国資本主義をシンボライズする二つのものは、明治の出発からその末路までふしぎな縁でつながっていた」(『あゝ野麦峠』)。

第III部

コモディティにますます翻弄される時代

第九章　激化する「コモディティ」争奪戦

「コモディティ」争奪を巡り危機感が台頭

二十一世紀の国際政治を展望するに当たり、鉱物・エネルギー・穀物獲得競争が今後ますます激化すると危機感を示す専門家が目立っています。その幾つかを列挙してみます。

「しばしば軍事力により争われた過熱した石油探求は二十世紀の化石燃料時代を大きく特徴づける出来事の一つであった。そして二十一世紀、それがいっそう激化することは確実である」

（リンダ・マクウェイグ著『ピーク・オイル』）

「米国はかつてソ連の原油不買をＮＡＴＯ（北大西洋条約機構）各国に呼びかけたが、いまではロシアを石油の供給国と見なしている。中国はかつてなら石油政策にあまり関係がなかったが、いまでは存在感を増し、米国の脅威となっている」

（トビー・シェリー著『石油をめぐる世界紛争地図』）

「過去五十年間、アメリカは国家としては世界のエネルギー資源に関して大規模な競争を経験してこなかった。しかし今日、中国のエネルギー需要の急拡大を受け、世界のエネルギー供給を巡って緊張が高まりつつある」

（ピーター・ターツァキアン著『石油――最後の１バレル』）

特に注目されるのが、米中関係の行方です。中国が中南米、中東、中央アジア、それにアフリカに果敢に進出する目的が、石油や鉱物資源の獲得であることは間違いないでしょう。また、東シナ海や南シナ海などの海洋資源にも着目した中国海軍による牽制が顕著になっているのも現実です。こうした行動は、米ソ冷戦時代に似ていると言えます。ソ連書記長として旧ソ連を率いたレオニード・ブレジネフは在任中、西側諸国が大きく依存しているペルシャ湾の石油と中部・南部アフリカ地域に埋蔵される鉱物資源の二つを手に入れることが目標と表明し、軍事行動も視野に入れた世界戦略を展開してきました。ソ連が崩壊した現在、資源獲得の戦略の軸足がソ連から中国に移った時代を迎えています。そして、その明白な国家戦略が超大国米国への挑戦であるとの見方は、中国の覇権主義が地球規模で展開され、世界の新しい秩序を創出するという動きに繋がります。米国にとっても二十一世紀を生き抜く課題として、中国の国家戦略にどう対応するかという難題に取り組まなければならない状況に追い込まれています。『血と油』の著者、マイケル・T・クレアは、米国、ロシア、中国の「三カ国が世界最大の石油供給源を支配しようとするかぎり、彼らは戦略的利益を求めて競い合うだろう。運がよければ、この競争は戦争に繋がらずに済む。だが、小競り合いや小規模な戦闘は避けがたい。アメリカとロシアと中国の三カ国が、今後もより多くの武器を紛争地域に供給しつづけるなら、いつか彼らの運が尽きたとしても少しもおかしくないのだ」と警告しています。

米中間の摩擦の行方

ここ数年、「G2」という言葉がマスコミで取り上げられる頻度が増えています。これは米国と中国の二大国を指すことは言うまでもありませんが、資源争奪戦の挙句、米中が覇権争いで衝突し、熱戦に繋がるとの見方を示す専門家も少なからず存在します。しかし、フランソワ・ラファルグがその著『米中激突』で指摘するように「起こりえない戦争」と考えたほうが現実的かも知れません。ラファルグはその根拠について「中国の経済と産業の発達は、主として四十万社をこえる外国の多国籍企業の存在によっている。中国の輸出の半分を引きうけるこれらの企業は、都市労働力の三%に近い六一〇万人の給与生活者の雇用を創出する。外国資本にたいする中国の依存体質は、大きな弱点となっている」と指摘しています。

また、米財務省によると、中国は米国債の世界最大の購入者（二〇一一年十二月末現在で一兆一〇〇七億ドル、二位は日本で一兆四二四億ドル）であり、食糧貿易も、例えば、米国産大豆の半分強を中国一国で買い占めるなど、米国に依存するところが大です。もはや両国の関係は切っても切れないほど緊密になっています。ラファルグは米中間には資源をめぐって多少の摩擦が生ずることはあるものの、結果的に共同統治のような形になる可能性が大きいと結論づけていますが、筆者も同感です。それよりも世界市場における日本の存在感が希薄化していることのほうがより深刻ではないでしょうか。米中の主要閣僚が一堂に会する戦略・経済対話などで両国にまつわる様々な課題が話し合われる一方で、東アジアにおける日本の存在がないがしろにされているとの警戒感もあり、日本としては米中間の狭間でどのように立ち回るべきか、戦略的な国家運営の構築が急務になっていると言わざるを得ません。

エネルギー分野では「二〇一五年、世界の原油需要は日量一億バレルに達するとＣＩＡ（米中央情報局）は予測する。天然ガスも中国を中心に世界需要が現在の二倍に膨らむ」（日本経済新聞社編『中国』）。穀物の分野では「中国は大豆の原産地で二十世紀前半までは世界最大の生産国だった。それが今や最大の輸入国に転じている。米農務省の調べでは、二〇〇五年度の輸入量は二七〇〇万トンで五年前の倍に膨らんだ。その半分近くをブラジルからの大豆輸入が占める」（日本経済新聞社編『人口が変える世界』）など、中国脅威論が広がっています。実際、中国は原油や穀物に限らず、鉄鉱石、非鉄、貴金属、希少金属など多くの現物市場でその存在感を遺憾なく発揮しており「中国が地球を買い漁る」とまで揶揄されています。

一方、中国と並ぶ消費大国インドの存在も見逃せません。東南アジア諸国連合（ＡＳＥＡＮ）におけるプレゼンスでは既に中国を凌駕しています。ＡＳＥＡＮに対するインド、中国の貿易収支でみると、黒字幅はインドが中国の三倍に達しています。国連人口基金（ＵＮＦＰＡ）の予測では、インドの人口は二〇二一年には一四億人に達し、現在世界最大（約一三億人）の中国を追い越すとした上で、二〇五〇年には一五億人を超えると指摘しています。これは東南アジア諸国全体の人口にほぼ匹敵します。豊富な労働力が経済成長のエンジンになると期待される一方、南アジアにおける政治的不安定さも危惧され、今後の動向が注視されています。

中国の投資姿勢に反感強まる

資源獲得における中国の姿勢は現在、「なりふり構わず」と表現するに相応しいほど、積極的な姿勢をみせています。反面、アフリカ大陸などへの進出ぶりに対して、中国政府が札束外交で交渉相手になる軍事政権と武器提供などで結びつきを強め、進出先に多くの中国人労働者を派遣し、現地人の雇用促進に寄与していない、公害発生で環境汚染を加速させているなどといった批判が溢れているのも事実です。

アフリカのザンビアには、銅やコバルトといった鉱物資源が豊富にあります。積極的な投資攻勢をかける中国企業は、既に三百社ほどが現地に進出しているそうです。中国人労働者の流入で現地の雇用拡大に繋がらないなど国民の不満が増大するなか、二〇一一年九月に政権を奪取した大統領のマイケル・サタは、中国流のビジネス手法に疑義を唱え、全契約を見直すとの強硬姿勢を示すまでになっています。アンゴラには一〇万人規模の中国人労働者が溢れ、経済的な恩恵を受けられない現地の人たちによる不満が爆発、抗議デモが頻発しているとの情報が伝わっています。ナイジェリア、タンザニアなどでも中国企業への排斥運動が盛り上がりをみせるなど、中国企業や中国人への風当たりが強まるばかりです。中国は世界経済における大国としての役割をより一層認識すべきです。

こうした中国の手法を「帝国主義的」あるいは「国家資本主義」と捉える見方がある一方で、これを先進国は非難できる立場にないとの指摘も目立っています。アフリカ大陸などを植民地支配してきた先進国にとってもいつか来た道なのだというのです。というよりも、現在も以前と変わらぬスタイルで欧米諸国はアフリカなどでビジネス展開しているのが実態と言えます。欧米各国が中国を批判するだけの資格があるかと言えば、疑問符を付けざるを得ません。

アフリカ大陸にコートジボワールという国があります。隣国のガーナとともにチョコレートの原料になるカカオの一大生産国です。欧米におけるカカオ調達先の第一位がコートジボワール産で、同国産カカオは世界市場で四割以上の占有率を占めています。カカオ生産は主要な輸出産品として重要な役割を果たしている一方、カカオ生産で深刻なのは過度な労働負担が子どもたちにのしかかっている点です。次代を担う子どもたちが犠牲になっていることも見逃せません。カカオがチョコレートになることも知らず、朝から晩まで酷使される子どもの数は、「実に一〇万九千人に達するという調査（二〇〇二年）もある」（下山晃著『世界商品と子供の奴隷』）とされ、アフリカ版女工哀史の様相を呈しています。

また、キャロル・オフはその著『チョコレートの真実』で「一九九〇年代の終わりには、五指に満たない外国企業がコートジボワールのカカオ生産をすべて支配している。ベルギーとスイスの巨大企業バリー・カレボーとネスレ、それにアメリカの巨大食品企業カーギル社、アーチャー・ダニエルズ・ミッドランド（ADM）社が全世界のカカオ市場を支配し、前世紀からチョコレート製造に携わってきた欧米各社に原料を供給している」と指摘。その上で「ロンドンやニューヨークの商品取引所が、遠く離れたコートジボワールのカカオ生産者の生命線を握るようになった」と、コモディティ市場での価格決定プロセスに疑問を投げかけています。

穀物メジャーのカーギルとADMのコートジボワール進出に対して、『コーヒー、カカオ、コメ、綿花、コショウの暗黒物語』の著者、ジャン＝ピエール・ボリスは「実際には農村部でカカオを買い付ける際に追加的収入を多国籍企業にもたらし、競合他社を淘汰したのみであった。新規雇用者数も一つのカカオ粉砕工場に五十人程度であり、期待とはほど遠かった。結果として、多国籍企業によるコートジボワールでのカカオ流通経路の支配を推し進めることになってしまった」と非難しています。

彼らの指摘は、コートジボワールが独立を遂げた一九六〇年以前の植民地時代のことでなく、現在進行形の話だということを私たちは再認識すべきではないでしょうか。こうした事例は、コートジボワールだけでなく、他のアフリカ諸国やアジア諸国でもみられます。

日本の処すべき方策

さて、資源の安定的な確保という課題、とりわけ、日本の処すべき方策は何かという点が重要になります。石油政策について藤和彦は、次のように主張しています。「中国は急増する石油需要に対して経済的、市場志向的なアプローチ、言い換えれば、国際石油市場に参加し、そこから調達してくるというだけではなく、古典的な地政学的方法、すなわち国際石油市場をバイパスした産油国との特別な同盟関係や資源の囲い込み、経済合理性から外れた無理な資源開発を志向しているように見える。日本でも石油供給源の多様化、石油調達手段の多様化、エネルギー資源そのものの多様化を進めるような政治的バックアップをすべきである」（『石油を読む――地政学的発想を超えて』）。民間だけでなく政府レベルによる資源調達に対する戦略を練り直すことがこれまで以上に必要になるでしょう。

こうした動きに注意を払う一方で、投機マネーの存在に目を光らすべきとの主張も出ています。日本人は「市場」という視点から目を背けるべきでなく、マーケット動向やその分析について大きな関心を払うべきだとの考え方です。先に述べたように、江戸時代の帳合米取引は投機的でしたが、正米相場をリードする形で全国の米価の平準化、価格調整機能を発揮することで、米価の下げ止まりに貢献したのも事実でした。大坂・堂島米会所での先物取引開始から一三五年後、米国シカゴで商品先物取引が開始しましたが、定期市場での価格形成で、日本が世界の最先端を走っていたことは歴史的に証明されています。しかし、その先進性を発展させることはできませんでした。戦時色が濃くなり、残念なことに先物とはその概念がまったく正反対の「統制経済」が支配的になった時代を迎えることになります。それは、昭和十三（一九三八）年の国家総動員法の制定で生まれた国是としての統制経済で、日本における先物市場の終焉を意味しました。

米穀統制法が発令

一九三九年八月二十五日、米穀統制法の発令で米価は公定になり、米が定期市場の取引対象から外されます。平沼《ひらぬま》騏《き》一郎《いちろう》内閣のときでした。戦後、統制経済は崩壊しましたが、それはあくまでも表面上のことであったと言えます。先物取引の嚆矢だった日本で、先物市場が成長し得なかった要因の一つに戦後日本の経済成長を支えてきた官僚制度が挙げられます。官僚システムは民間主導の市場経済システムへの移行を遅らせることに繋がりました。「官僚は戦後日本の経済成長を果たしたことで大方の役割が去ったのに、今度は本分を逸脱して、統制社会を永遠に存続させようと志向しています。日本社会に先物市場無視や相場オンチの思考を植えつけたのは、結局、統制主義が色濃く残る戦後の社会風土だったのです」（落合莞爾著『先物経済がわかれば本当の経済が見える』）。日本人の心の中にはあたかも「精神的統制経済」の殻を打ち破れないトラウマが存在しているかのようです。国内経済という器のなかでは官僚主導の経済運営も通用しましたが、現在のようにグローバルな経済活動が展開される時代にあっては、地球規模で思考する経済政策が求められています。

戦後の商品取引行政を見てみると、一九五〇年七月二十七日、商品取引所法が成立、八月五日公布、同月二十日に同法が施行されました。これを受けて同年十月に大阪化学繊維取引所が設立登録され、十一月一日に開所、人絹糸・スフ糸が上場されます。その後、一九五〇年から一九七七年にかけ、全国二二カ所に取引所が設立されました。東京・大阪・名古屋の大都市は言うまでもなく、小樽・函館・前橋・豊橋・蒲郡・神戸・福井・下関と全国各地に点在していました。上場銘柄は海産物、穀物、砂糖、乾繭、繊維、生糸、ゴム、綿布などほとんど農産系です。戦後の経済成長にともない、商いは活況を呈していくようになります。しかし、市場における投資家の自己責任意識の欠如、取引員（外務員）による執拗な顧客勧誘、規制緩和に遅れた行政サイドの姿勢など様々な要因が重なり合い、日本のコモディティ市場は成熟したマーケットには成り得ませんでした。二〇一二年四月末現在、国内の商品取引所は、東京工業品取引所、東京穀物商品取引所、関西商品取引所の三取引所に集約されています。しかも、東穀取、関西商取はコメ先物の試験上場認可が下り、取引が開始したとはいえ、経営を取り巻く環境は非常に厳しく、日本のコモディティ市場は東工取だけが単独で生き残れるかどうか、否、東工取さえも安泰ではないといった瀬戸際に立たされています。まさに風前の灯といった状況です。

日本人の胆力が試されるとき

こうした状況下、市場価格決定権の掌握という点で、残念ながら日本がイニシアチブをとることは期待できそうにありません。アジア時間帯での価格形成は今後ますます重要になってくるはずですが、日本のコモディティ市場は先細るばかりです。一笑に付されることを覚悟で言うと、例えば、日本・中国・韓国が共同で、コモディティだけでなく金融先物やオプションも含めた総合取引所を、三カ国のほぼ中心地にあたる沖縄県に設立、沖縄を米軍基地の街でなくアジアのウォール・ストリートに転換させるという構想をぶち上げてみたらどうでしょうか。取引所自体は民間レベルで運営しますが、市場の共同監視機関を創設し、市場に関する情報交換、不正行為の摘発など徹底的にチェックします。インターネットなどの通信手段が発達した現在、東京や上海、ソウルといった大都市に取引所を置く必要性はないのです。地理的にみても沖縄はベストポジションと言えます。実際、韓国では現物と先物の取引所が一つに集約され、韓国取引所（KRX）として成長を遂げています。

日本はもちろんのこと、中国、韓国それぞれの国益が絡み、国家理念や安全保障に対する考えも大きく乖離するなど、デリケートな部分を含み、乗り越えなければならない課題が山積していますので、現時点では限りなく不可能に近い、絵に描いた餅の類の話と言われても仕方ありません。ただ、アジア時間帯でのコモディティ価格の決定権を獲得し、価格変動リスクを軽減したいというのはアジア各国・地域共通の認識でもあるはずです。こうした提案を日本が率先して行ない、主導権を握ることが求められています。思い切ってCMEグループなど海外の取引所との連携も視野に入れて東アジア市場の再編を進めてもよいかも知れません。現在、円建てで取引されている日本のコモディティ取引をドル建ての市場にしてしまうなど、市場の国際化といった大胆な発想も無視できないでしょう。いずれにせよ、こうした戦略のグランドデザインを描くことのできる政治家や財界人など強力なリーダーシップの持ち主の登場を待たなければなりません。

日本政府は、国内での取引所再編について海外との提携や連携の前に自ら再生しようと「総合取引所構想」を打ち立てています（政府は金融商品取引法改正案などの関連法案を二〇一二年三月九日に閣議決定しました）。この構想はもともと自民党政権下で持ち上がりましたが、現在の与党民主党があらためて俎上に載せています。これは株式や債券、商品などを一体的に取引できる取引所システムを創設するという計画で、政府が二〇一〇年六月に発表した「新成長戦略」のなかでトップ項目として取り上げられました。しかし、所管する官庁が金融庁、経済産業省、農林水産省と三省庁にまたがっているため、市場の規制や監督を一元化することで合意したものの、その手法を巡り、意見の相違も目立ち、実現までにまだまだ紆余曲折がありそうです。こうしたところでも縦割り行政の弊害が露呈しています。「まずは省益ありき」では国民の期待する政策に繋がらないことは明白です。こうした姿勢を続けていれば、いずれは国家衰退に行き着きます。

日本は歴史上、戦略のツールとして市況商品＝コモディティを「武器」に活用できませんでした。しかし、そうした認識を抱く人物が存在しなかったわけでもありません。幕末の日本で、薩長同盟の実現に橋渡し役として八面六臂の活躍をみせた坂本龍馬です。当時、長州藩は幕府との戦（いくさ）を前に洋式軍艦や鉄砲を必要としていました。一方、薩摩藩は米、特に戦時に備えての兵糧米が不足していました。坂本は一計を案じます。「幕府側にいた薩摩藩が武器を購入して、それを長州藩に引き渡せばよい。武器購入で世話になった薩摩藩に対し長州藩は米を提供する。これらの実務を坂本が組織していた亀山社中（後の海援隊）が引き受ける」というものです。坂本は「有無相通ずるの発想」で、不可能とされた薩長同盟を実現させました。リスクに晒される時代だからこそ、硬直化した思考を打破し、大胆な発想の転換が求められるのではないでしょうか。今まさに、日本人の胆力が試されているのです。

危機意識が高まった中国漁船衝突事件

冒頭で述べた通り、本書を執筆した意図は「先物《取引》の奨励」を促すことでなく、「先物《思考》の奨励」に主眼を置いたことです。リスクをヘッジ（保険繋ぎ）するという意味で、価格変動に対する心構えを国家レベルはもちろんのこと、企業レベル、個人レベルでも身につけることが重要であることを主張してきたつもりです。

二〇一〇年は、日本を取り巻く環境で資源確保やリスク分散といった国民の危機意識を現実的なものとして意識させる一年になりました。例えば、尖閣諸島沖で起きた中国漁船衝突事件です。この事件を端緒に日中間で摩擦が強まり、中国はレアアース（希土類）の禁輸措置という手段に訴えました。日本が輸入停滞を強いられる事態に陥ったことは記憶に新しいところです。世界供給の九割以上を占める中国が操業や輸出に対する規制を強化したことを受けて、供給不足懸念からレアアースの価格が急騰するという局面で、日本企業の間では中国への過度の依存を減らす戦略が必要との危機感が広がりました。

「資源を持つ国」中国と「持たざる国」日本との関係で、日本が圧倒的に不利という見方がされたのも事実でした。中国はレアアースを外交カードに利用したのです。資源外交が緊迫化した表れと言っても過言ではないでしょう。この間、日本政府は事態の推移を見守るしかありませんでした。こうした姿勢にマスコミは弱腰外交と非難しました。ところが、時間を経るにしたがって「持たざる国」日本に有利に働くことになるとの見通しが優勢になりつつあります。目先の需給逼迫で日本などはレアアースを高値摑みさせられることになりますが、世界の様々な企業が調達先の多様化、レアアース新規技術開発への方針転換など矢継早に表明したため、中長期的には中国が自らの首を絞める結果になってしまうとの見方が大勢を占めつつあるのも確かです。

実際、二〇一一年十月末には首相の野田佳彦とベトナム首相のグエン・タン・ズンが都内で会談し、日本とベトナムの官民一体でのレアアースの共同開発計画について合意したほか、時をほぼ同じくして外相の玄葉光一郎とインド外相のS・M・クリシュナが都内で戦略対話を開き、レアアースの共同開発推進に向けた協力関係の構築で一致するなど、活発な動きをみせています。危機感の高まりからリスク回避に繋がった一例と言えます。中国は完全に読みを誤ったと言えるのではないでしょうか。

二〇一二年一月三十日、中国がレアメタル（希少金属）など鉱物資源にかけている輸出規制に関連して、世界貿易機関（ＷＴＯ）の上級委員会はこの輸出規制がＷＴＯ協定違反との判断を下しました。これは欧州連合（ＥＵ）などが訴えていたものです。レアメタル同様に、中国が輸出規制を続けるレアアース（希土類）についても中国側に不利な判断が下されるのは必至との見方が強まるなど、中国包囲網が強まっています。実際、日米欧がＷＴＯ提訴する方針を固めています。

食糧「自給率」より「自給力」を

農業問題に目を向けると、日本は食糧自給率で先進国中、最下位にあり、日本の食糧政策は危険水域に入ったとの指摘がたびたびマスコミなどで伝えられています。二〇一〇年三月二十日付の『日本経済新聞』は、農林水産省が今後一〇年間の農政の在り方を示す「食料・農業・農村基本計画」の素案をまとめた、と報じました。報道では、食糧自給率について「現在の四一％から二〇二〇年度に五〇％に引き上げる目標を設定。現行計画で掲げた四五％を上回る水準とした」としています。農水省はその後、二〇一一年八月、二〇一〇年度の食料自給率（カロリーベース）が前年度比で一ポイント低下し、三九％になったと発表。四年ぶりに四〇％を割り込んでいます。政府は二〇年度までに食料自給率を五〇％に引き上げる目標を掲げていますが、必ずしも自給率だけにとらわれるべきでないとの意見も出ています。

それは「自給率」に目を向けるのではなく、農業就業者の育成や品種改良などの技術革新を推進する「自給力」をつけるべきとの考え方です。これは一理あるのではないでしょうか。穀物需要の拡大に関しても地球温暖化が進むなかで毎年、世界の農地を拡大するには自ずと限界があります。一方で、新興国などの旺盛な穀物需要は伸び続けるため、単位収入（単収《イールド》）アップを図らなければなりません。食糧不安と供給問題の時代にどう対処するのかが問われています。米価維持というスローガンのもと、日本は減反政策を続けてきましたが、米《コメ》の国家備蓄を増やし、飼料穀物としての使い道を模索するほか、米をアジア各国に輸出し、代わりに農産物の輸入を促進するなど、農業政策を抜本的に転換させる時期に差し掛かっています。

　隣国の韓国では、国や企業が農地を求めて海外進出を図っています。二〇二〇年までに約一〇兆ウォンの予算を投じ、アジア諸国に進出して農地を取得、そこで農産物を耕作するというものです。そうした政策を通じて穀物の自給率を現在の二七％から四七％、最終的に六五％へと引き上げていくことを計画しています。当面、収穫した穀物は、現地や第三国向けの販売が主になりますが、将来的には韓国国内で消費する穀物を確保する見通しです。

　海外で穀物生産を拡大する動きは韓国だけではありません。中国も積極的な展開を見せています。二〇一二年一月三十一日付の『朝日新聞』は「中国企業がニュージーランド北部にある十六の牧場を買収することになった。乳製品を生産し、中国や東南アジアで販売する計画だ」と報じました。中国企業による土地買収について地元では反対の声が出たそうですが、ニュージーランド当局は自国の利益と法律にかなうものとコメント。今後の成り行きが注目されます。

その他、インド政府はアフリカに進出し、農地を買収する企業に対して資金面で支援する方針を表明しています。こうした試みは現地の産業振興に貢献する面があるのは確かですが、自国人を優先することで現地人の雇用機会に繋がらないことや、環境破壊問題などを引き起こすといった危うい側面をともなっていますので、もろ刃の剣という性質を帯びています。

水《ウォーター》問題は食糧・資源問題

一方、水資源を巡る争奪戦が激化していることも事実です。ミネラルウォーター、上下水道、水処理事業、水浄化プラント、海水淡水化事業、超純水、ウォーター関連ファンド・ビジネスなど、水関連ビジネスが急成長しています。アジア開発銀行（ADB）が二〇一〇年四月、水関連に特化した債券「ウォーター・ボンド」を約六百億円分発行するなど、その動きが活発化しています。水ビジネスは一五年後には年間需要が三〇兆円にまで膨らみ、現在の二倍以上になるとの試算が出ています。

現在、「水男爵＝ウォーターバロン」と称される水版メジャーの出現により、世界の水市場は寡占化されようとしています。特に圧倒的な支配力を持つ水男爵が、フランスのスエズ、ヴェオリア、英国本拠のテムズ・ウォーターの三社です。このうち、ヴェオリアは最大級の企業で、従業員は九万人超、売上高ベースで一二五億ユーロと、スエズの七〇億ユーロを遥かに超える金額です。常設の運用拠点は世界で六〇カ国以上に及んでいます。二〇〇九年には、千葉県の印旛沼の下水処理場に関連する管理委託の入札で落札、日本企業を押さえて受注を獲得しているほどです。各国における受注合戦では企業トップだけでなく、フランスでは大統領がトップセールスに動くなど国全体でバックアップしています。水インフラ・ビジネスでは、これら水メジャーのほか、ハイフラックス（シンガポール）、シーメンス（ドイツ）、ダウ・ケミカル（米国）なども進出し、激しい受注合戦を繰り広げています。日本では東レ、日東電工、荏原製作所、東洋エンジニアリング、三菱商事、丸紅などが、この分野に進出し、これまでの挽回を図るべく大型投資を積極的に進めています。

ところで、水問題は食糧や資源問題に直結しているという点も見逃せません。柴田明夫著『水戦争』によると「穀物は平均で一キログラム生産するために約一千リットルの水を要する。牛肉の場合、一キログラムに一五・九八トンもの水が必要だ」といいます。これは家畜用の飲み水だけでなく、飼料用になる穀物を育てる過程で大量の水が使用されるという意味合いを含んでいます。輸入している農産物や工業製品を通して間接的に輸出国の水を使用しているという発想は、バーチャルウォーター（仮想水）と呼ばれています。農産物の貿易が「水の貿易」であるという考え方は世界で広がっていますし、既に穀物貿易では一般的になっています。穀物のほか、石油や石炭、天然ガスを確保するためにも大量の水が必要で、水を巡る紛争も世界各地で頻発しているのが実態です。アジアではメコン川、ブラマプトラ川などの水源を巡り、中国やベトナム、インドなどが活発な駆け引きをみせるとともに、双方に警戒感を醸成させる原因にもなっています。世界の水不足は深刻です。こうした争いは、今後ますます増えていくとみられています。「二十世紀は石油の世紀、二十一世紀は水の世紀」と言われる所以です。

水源に関連して日本でも警戒感を持たざるを得ない話が浮上してきました。最近、日本では外国資本による山林買い占めという事例が表面化しています。日本の土地売買規制は、私有林の所有権など諸外国に比較して緩やかとされています。外国資本だから売買に適さない、もしくは取得を全面禁止すべきというものでありませんが、東京・銀座の商業ビルを取得するのと性質が異なり、山林買い占めは地下の水源や木材資源の保全が損なわれる危険性もあります。輸入木材との競合激化で日本の林業が低迷していることを受けて、飲料水や工業用水などの需要が拡大する中国系資本が日本の山林を狙っているという憶測が広がっています。実際、中国は国内での水不足の解消に向けて、今後一〇年間で水関連の施設建設に約五〇兆円を注ぎ込む方針を決定済みです。現在のペースで経済成長が加速すれば、早晩、産業用水、飲料水ともに必要量を満たすことができなくなることは明らかになっています。

こうした外国資本の動きに対して、国土交通省や林野庁は二〇一一年六月、ようやく重い腰を上げました。外資による山林売買調査に乗り出したのです。また、地方自治体も山林保全に動き出しています。北海道では同年十一月、森林や沼地の土地取引に関連して取得者や目的を事前に届け出ることを義務付ける条例の制定を知事が道議会で表明しました（二〇一二年三月二十三日、「水資源保全条例」が道議会で成立）。北海道では現在、外国資本が所有する森林面積が計八二〇ヘクタールに及んでいるそうです。これは東京ドーム約一八〇個分に相当します。外国資本の手に渡った後では、これを買い戻すことは容易ではありません。土地を巡る水紛争の勃発に繋がり兼ねません。こうした事態を事前に予測して先手を打つことも必要になるでしょう。外国資本による北海道などでの森林買収は、日本国民の危機管理意識の欠如を浮き彫りにするとともに、その重要性をあらためて惹起させたということではないでしょうか。

金融情報は「速報」が最重要

現在の金融・コモディティ市場では、情報手段の発達が投機マネーを誘発させる一因になっている側面も否定できません。市場関係者の間では、現代を「金本位制に代わり情報本位制になった」と表現する人たちもいるくらいです。情報端末テレレートが市場参入した頃から電子市場発達への道筋が開かれるようになりました。銀行による債券売買の情報が端末を通じて提供されるようになり、米国債の電子取引市場に成長しました。また、ロイター通信（現トムソン・ロイター）が外国為替の二十四時間電子取引市場を開設、その後、金融情報提供のブルームバーグなど新興勢力が続くようになります。

情報端末企業がいかに「速報」に拘っているかを自らの体験を交えて、紹介したいと思います。筆者は二〇〇二年九月、外資系通信社のエディターとして石油輸出国機構（OPEC）大阪会議の取材班に加わりました。当時、ロンドン、ニューヨーク、ドバイ、シンガポール、シドニー、カラカス（ベネズエラ）、東京の各支局から記者が大挙して大阪に集められました。産油国から来日した各支局員は原則、当該国の大臣らに接近して情報を得ることになります。筆者が在籍した通信社の場合、取材の主目的は、ＯＰＥＣ加盟国が原油生産量を「増減産するか、するとすれば日量何バレルか、それとも据え置きか」の一報を他社に先駆けて配信することでした。そのための準備として、会議開催の一週間ほど前に招集された記者たちが東京で打ち合わせのミーティングを行いました。それと同時に、一人の日本人スタッフを会場になる大阪市内のホテルに視察に送り出しました。記者たちが宿泊する部屋の予約状況のほか、会議場内で電波状態の確認、これを会場見取り図の上にＸ印を付けて、電波状態のよいポイントをチェックしてもらいました。記者たちが一報を携帯電話でエディターらに伝える際に通話が途中で途切れにくくする工夫です（当時はまだ場所や携帯機種によって音声が途切れるケースが多々ありました）。

プレスルームでの陣地取りも重要になります。サミット（主要国首脳会議）などの国際会議では特設のプレスルームがホテル内に用意されます。私たちはＯＰＥＣ会議で出入口に一番近いスペースを確保するようにしました。記者が戻って記事を配信する際に一秒でも早く作業に取り掛かれるとの配慮からでした。記者たちに新大阪駅や関西国際空港で会議に参加するＯＰＥＣ要人の張り込みをさせたことは言うまでもありません。

一般の人たちからすれば「増産か減産か、はたまた据え置きか」の一報を配信するくらいで、そこまでする必要があるのかと驚き、呆れる人たちが多いかも知れません。しかし、世界の市場関係者は一報の遅れを許してくれるほど寛容ではないのです。それほど、マーケットは世界と密接に繋がっているのです。情報が瞬時に世界中に伝わる端末の普及は、トレーダーやディーラーたちに不可欠のツールになっています。昨年、中東・北アフリカで発生した民衆暴動では、主役がツイッターやフェイス・ブックなどソーシャルネットワークという新たな情報伝達の手段がその威力を遺憾なく発揮しています。新メディアへの移行は日進月歩の勢いで加速しています。それに反比例するように、新聞やテレビなど二十世紀の代表的なメディアの存在、ニュース配信の在り方も曲がり角を迎えています。

終章　市場の変質を見抜く眼力

一九七〇年代に酷似する現代のコモディティ市場

二十一世紀に入り、世界のコモディティ市場における需給構造が大きく崩れ始めています。私たちはまさしく「コモディティに翻弄される時代」に突入したのです。それを象徴するのが、ブラジル、ロシア、インド、中国の、いわゆるＢＲＩＣｓ（現在はこれら四カ国に南アフリカの『Ｓ』を加えた「ＢＲＩＣＳ」との名称も使用され始めています）諸国の台頭でした。ＢＲＩＣｓ、とりわけ、爆食国家に変貌した中国の世界市場へのデビューは衝撃を与えるどころか、もはや歯止めがかからないほど巨大化しています。第一章で、世界で生産される大豆の半分強を中国一国で買い占めていることを紹介しましたが、約一三億人の人口を擁する中国は今や大豆だけでなく、他の穀物、貴金属、希少金属、鉄鉱石、非鉄、原油、砂糖、水産資源などありとあらゆる食糧、鉱物、エネルギー資源を鯨飲しています。新興国の旺盛な需要は市場の構造まで変質させるに至っています。世界市場で眠れる獅子・中国が覚醒したことで、コモディティの生産需要が私たちの想定以上に拡大していることを再認識する必要があります。

市場の変質

本書第I部において一九七〇年代から八〇年代にかけての米国が、原油や穀物などのコモディティの価格決定権を握った経緯について取り上げましたが、繰り返すように、二十一世紀に入った現在が七〇年代に酷似している点が多いということ、一九七一年のニクソン・ショックがその根源であるとの指摘があります。奇しくも二〇一一年はニクソン・ショックから四〇年の節目にあたりました。米国債が史上初めて最上位の格付けを失った現在、リスクのない資産が世界金融市場から消え、基軸通貨ドルの信認に揺らぎが生じており、国際政治上で米国が覇権を手放さざる得ない状況に追い込まれる可能性も否定し得なくなっています。これからの五年、一〇年先が歴史の転換点になるかどうか、私たちはその岐路に立たされています。

ところで、二〇〇八年から〇九年にかけての国際商品市場は、画期的な年になりました。原油、金《ゴールド》、穀物、非鉄などのコモディティ先物価格が軒並み史上最高値を更新したのです（ギリシャ財政破綻危機などの影響を受けてニューヨーク金先物相場は二〇一〇年六月に高騰、さらに中東・北アフリカ情勢の混乱、

最大の年金基金、カリフォルニア州職員退職年金基金（通称カルパース）がコモディティ投資に軸足を移すと報道されたのです。「カリフォルニア州、ペンシルバニア州など米国の公的年金基金が金、原油など国際商品への資産配分を相次いで拡大している。ヘッジファンドに加え、投資期間が長い年金基金の参入が商品高騰を支える構図が鮮明になってきた」（『日本経済新聞』〇八年三月八日付）。カルパースなどの公的年金はその後、原油や穀物などのコモディティだけでなく、社会資本整備ファンドや未公開株式など、投資リスクがともなっても将来の株価上昇余地が大きいとみられる新興企業にも目を向け、運用先の開拓で積極的な姿勢を見せています。

米国の年金基金は一九九〇年代前半、例えば、カルパースはじめイリノイ州教職員退職年金基金やオハイオ州職員退職年金基金などがコモディティ市場、とりわけ先物市場での運用を拡大する方針を取り始め、市場関係者から注目されました。ところが、九〇年代半ばに踊り場を迎えることになります。九四年末に米国のコモディティファンドの資産規模は二三〇億ドル、前年比で二〇億ドルの資産が流出しました。これは、年金基金大手のバージニア年金基金が四億六千万ドルの資金を引き揚げた結果、個人投資家がその矛先を投資信託に振り向けるようになったためです。

また、一九九四年十二月、米カリフォルニア州オレンジ郡のデリバティブ（金融派生商品）である金利スワップ取引の大損失が明るみに出てから一気に冷え込んだ感があります。これは、郡のトレジャラー（収入役）が郡や郡内の市などから集めた資金で、連邦住宅抵当金庫債（ファニーメイ）や連邦住宅貸付抵当公社債（フレディマック）などの債券を大量購入、これをデリバティブ商品や長期国債などに投資したもので、九四年までに運用額が七四億ドルに達していたといいます。こうした運用は事実上この収入役だけが担当するという驚くべきもので、他の職員が運用に関与することはありませんでした。この収入役の判断による相場読み違えで、損失が一五億ドル（後に一七億ドルに修正）に膨らみ、巨額財政破綻に至ったケースです。ただ、オレンジ郡での運用失敗による損失発覚は、取引所外取引（OTC市場）のリスクが取引所取引のリスクと混同されて、投資家に誤解を与えたという側面もありました。

ブラック・マンデーで脚光のコモディティファンド

コモディティファンド（商品ファンド）の発祥の地は米国であり、その起源は一九四九年まで遡ります。「コモディティファンドの父」と呼ばれるリチャード・ドンシャンが「フューチャーズ・インク社」を設立、そこでの運用がコモディティファンド・ビジネスの嚆矢とされるのが一般的な見方です。その後、紆余曲折を経て、コモディティファンドが脚光を浴びるようになったのは、一九八七年十月十九日にニューヨーク株式市場で起きた株価暴落が、瞬く間に世界株式市場に連鎖したブラック・マンデー（暗黒の月曜日）のときでした。

周知のように、ブラック・マンデーは史上最大規模の世界的な株価暴落を指します。その日のニューヨーク株式市場では、ダウ三〇種平均が前週末の終値に比べて五〇八ドルの大幅下落（下落率にして二二・八%）になり、世界同時株安の連鎖を引き起こす契機になりました。過去の株価暴落として世界恐慌のきっかけになった一九二九年十月二十九日のブラック・サーズデー（暗黒の木曜日）が挙げられますが、このときでさえ下落率は一二・八％でした。ブラック・マンデーがいかに心理的な影響を投資家に与えたかが分かるでしょう。

ブラック・マンデーは、コモディティファンド・ビジネスにとり追い風になります。世界経済が震撼した株価大暴落で、株式の運用利回りが五％程度だったのに対し、コモディティファンドは六一％の驚異的な数字になり、俄然、投資家たちからの関心を集めたのでした。コモディティファンドは、投資家から集めた資金をひとまとめにして、その資金を投資の専門家といわれる商品投資顧問（ＣＴＡ）に金利や通貨を含めた金や原油などの商品先物市場で運用してもらい、その利益を投資家に還元する実績配当型の金融商品です。「商品版投資信託」とも呼ばれています。米国では「マネージド・ファンド」と呼ばれるのが一般的です。株式や債券相場の動きとは相関関係がないため、株式暴落でも好パフォーマンス（運用成績）を上げることに繋がりました。株価が大暴落した局面で株価指数先物が原因との指摘もなされましたが、それも実証的に否定される結果になり、先物取引の有用性が理解され始めたことで、手堅い運用で知られていた年金基金などの機関投資家がコモディティ市場をポートフォリオ（分散投資）の場として、こぞって参入を果たす契機になりました。二十一世紀に入り、ヘッジファンドや年金基金などがあらためてコモディティ市場に参入し、主要なマーケット・プレーヤーになったことで、先物分散投資が急拡大することになり、あらゆる国際商品相場を底上げする要因の一つになっていることはもはや否定できません。

九〇年代に失速したコモディティファンド

ブラック・マンデー以後に株式・債券相場などとの非相関性からコモディティファンドが米国の投資家から注目されたと記しましたが、一九九〇年代半ばにはこれが失速する事態を迎えます。前述したように、年金基金の撤退が挙げられます。バージニア年金基金の撤退は象徴的なものとして捉えられました。ただ、資金の引き揚げ理由が、運用成績の悪化にともなうといった手法上のものでなく、管理するトップがより手堅い運用を重視する担当者に代わったという人事上の問題に起因するなど、コモディティ投資自体が問題視されたわけではありませんでした。

そのほか、商品投資顧問（CTA）の投資手法に問題があったと指摘する声も目立ちました。通常、CTAの運用方法は、チャート（罫線）を重視するテクニカル分析などコンピュータを駆使して投資するトレンドフォロー型、チャート分析よりも需給関係を重視するファンダメンタルズ型、そして双方を組み合わせたディスクレッショナリー型の三パターンに分類することができます。当時、トレンドフォロー型が主流であり、この手法を得意とする同じタイプのCTAが巨額資金を同じ市場で運用したため、市場での売買が成立せず、相場の動きは止まり、結果的に運用成績が落ち込むことになったとされています。

このように、踊り場を迎えた米国のコモディティファンド・ビジネスですが、当時、V字回復するための方策はあるのかについて様々な意見が出されました。それを紹介するとともに、商品投資顧問（CTA）の管理報酬（マネージメント・フィー）や成功報酬（インセンティブ・フィー）は一体どのくらいなのかについて検証しておきます。

まず、コモディティファンドを復活させるための方策ですが、取引所外取引である金融派生商品（デリバティブ）との違いを投資家に周知徹底させること、投資家の過度なリターン（利益）追求をリスク管理の概念に変えること、株式・債券取引との割合でコモディティファンドの比率を下げること、米国以外の国々にコモディティファンドへの参入を促すこと、優秀なCTAを育成すること、CTAによる多様な投資手法を実践させること、などが挙げられます。簡単に言うと、投資家への啓蒙活動と建玉制限の緩和など利便性ある市場づくり、運用・管理者の道義上の責任を含めた資質向上が求められるということでしょうか。

一方、CTAの報酬ですが、九〇年代前半では管理報酬が二―三％、成功報酬が二〇―二五％というのが、筆者が米国でヒアリングした結果の平均値でした。一九九五年三月、日本商品ファンド業協会がまとめた『米国商品ファンドに関する実態報告書』によると、管理報酬を四％とすると成功報酬が二〇％、管理報酬がゼロなら成功報酬は三二％と、度合いに応じて決定するケースもあるといいます。また、ファンドの管理オペレーター（CPO）についても、その管理報酬は一％ですが、管理する資金が一億ドルなら〇・七％にするといったようにケース・バイ・ケースで対応しているようです。先物ビジネスに参入する際、業者が各州へ支払う登録料もコモディティファンド関係者にとり頭痛のタネになります。平均すると、州ごとに二〇〇〇―三〇〇〇ドル、全米五〇州で登録した場合、七万五千ドルくらいかかります。

一九九二年四月、日本でも商品ファンド法が施行されました。当初、「小さな池にクジラを放すようだ」と言われ、日本におけるコモディティファンド・ビジネスは時期尚早との声も聞かれました。それから二〇年近く、国内先物市場が低迷していることもあり、コモディティファンド・ビジネスが大きく成長する余地はあるものの、実際には根付いていない、というよりも低空飛行を続けていると表現したほうが適切かも知れません。

取引所の再編劇が激化

一九九〇年代半ば、筆者は『マーケットの魔術師』、『新マーケットの魔術師』などの著書で知られるジャック・シュワッガーをニューヨークのオフィスに訪ねました。当時、シカゴでは二大商品取引所であるシカゴ・ボード・オブ・トレード（CBOT）とシカゴ・マーカンタイル・エクスチェンジ（CME）が熾烈な出来高競争を繰り広げている最中で、ニューヨークではニューヨーク・マーカンタイル・エクスチェンジ（NYMEX）が世界最大のエネルギー先物取引所として勢力を拡大していました。

訪問した際、シュワッガーは、米国商品取引所の将来像について次のように断言しました。「まず、シカゴでCBOTとCMEが合併するだろう。その後、NYMEXも加わる。かといって、三取引所が一カ所に集約されるのではなく、それぞれの場所でそのまま取引を続ける。つまり、米国商品取引所グループを結成するということだ」。これは、アメリカン・フューチャーズ・エクスチェンジ（全米先物取引所）構想とも言うべきものでしたが、当時は現実的ではないとの見方が大勢を占めていました。それからほぼ一〇年が経過、シュワッガーの予言は的中します。

CMEとCBOT——二十世紀の米国先物業界におけるこの両雄は常にライバル同士でしたが、二十一世紀に入ると、生き残りをかけた熾烈な競争に否応なく巻き込まれていきます。金融・コモディティ市場の再編劇が世界的規模で加速することになっていったのです。

まず、CMEが動き出しました。ドイツ取引所との統合話が浮上します。二〇〇六年十月、CMEがフランクフルト証券取引所を運営するドイツ取引所との統合話が持ち上がっていることが判明したのです。ドイツ取引所は傘下に世界最大のデリバティブ（金融派生商品）市場「ユーレックス」を持ち、取引所間の手数料引き下げ合戦が激しくなるなか、統合が実現した場合、欧米をまたぐ世界最大のデリバティブ取引所が誕生するということで、市場参加者に注目されるとともに、他の取引所の担当者からは脅威と見なされたのでした。結果的に、この合併は日の目を見ることはありませんでした。

二十一世紀に入り、証券を含めた商品取引所間の統合や合併は世界規模で進みます。〇六年十月、ニューヨーク証券取引所を運営するNYSEグループと欧州取引所連合ユーロネクストが推進する経営統合に、CMEとの統合に前向きな姿勢を示すドイツ取引所が参加するのではないか、との観測が広がりました。同月下旬には、ニューヨーク証券取引所が東京証券取引所に株式持ち合いを柱とした資本・業務提携を提案するなど、再編劇が連日、報道されるようになります。

二〇〇七年に入ってからもこのトレンドは変わらず、同年三月、エネルギー取引で活況を呈する米インターコンチネンタル取引所（ICE）がCBOTに対し、敵対的買収を提案。これは後述のCMEとCBOTの合併を阻止する動きでした。ICEは二〇〇一年、欧州のICEフューチャーズ（旧ロンドン国際石油取引所＝IPE）を買収しており、CBOTと合併することで市場規模や商品の品揃えを拡張する必要性に駆られていました。この後、CBOTを巡るICEとCMEの買収合戦は熾烈さを極めます。米国勢の合併交渉を尻目に、欧州勢も動き出しました。〇七年四月四日、ユーロネクスト・ライフがニューヨーク証券取引所と合併、ニューヨーク証券取引所ユーロネクストグループになりました。〇七年六月にはロンドン証券取引所がイタリア取引所と合併交渉に入ったことが明らかになります。一方、エネルギー取引が主力のICEは、カナダで穀物を上場するウィニペグ商品取引所を買収する方針（CBOTとの合併を断念）を選択します。〇七年八月には、中東のドバイ取引所（ブースドバイ）が北欧・バルト諸国で証券取引所を運営するOMXに買収を提案。また、ドバイ取引所は米ナスダック・ストック・マーケットと戦略提携を締結、矢継ぎ早に手を打つなど、〇六年から〇七年にかけての一年は世界における取引所再編劇のエポック・メイキングな年として歴史に刻まれるくらい、目まぐるしい変貌を遂げた時期でもありました。

ＣＭＥとＣＢＯＴが合併へ

世界的な取引所再編の動きのなか、シカゴ・マーカンタイル・エクスチェンジ（ＣＭＥ）とシカゴ・ボード・オブ・トレード（ＣＢＯＴ）が合併、その後、ニューヨーク・マーカンタイル・エクスチェンジ（ＮＹＭＥＸ）も加わることになり、新たに世界最大規模のデリバティブ取引所「ＣＭＥグループ」が誕生することになりました。ＣＭＥは二〇〇六年十月十七日、ライバル取引所のＣＢＯＴと合併すると発表します。新会社の名称は「ＣＭＥグループ」。ＣＭＥ出身のクレイグ・ドナフューが新会社の最高経営責任者（ＣＥＯ）に就任するというもので、合併完了は〇七年半ばとしました。合併が実現すれば、出来高（ボリューム）などで欧州金融先物取引所（ユーレックス）を上回ることになり、文字通り、世界最大級のデリバティブ取引所になるというものでした。

ところが、この合併話に横やりを入れる取引所が出現します。米インターコンチネンタル取引所（ＩＣＥ）です。創業間もない取引所であるＩＣＥが〇七年三月、ＣＢＯＴに敵対的買収を提案することをメディアに公表しました。提案の内容は、買収総額が九九億ドルで、ＣＭＥの示した額を一割程度上回るものです。と同時に、ＩＣＥは合併によって年間二億四千万ドル以上の経費削減が可能になるとの計画案を示しました。前述したように、この合併話は最終的に破談になりました。

他方、ＣＭＥにとり、もう一つのハードルが米司法省の判断でした。ＣＢＯＴと合併すると、米国における先物取引の市場占有率が八五％に及び、競争を著しく阻害するとの判断が出されるとの警戒感もありました。ところが、〇七年六月十一日に米司法省の下した判断は、海外デリバティブ取引所との新商品開発競争が厳しくなっているなどとして「競争を阻害しない」というものでした。七月九日、CMEとCBOTは各取引所の株主投票でともに承認が得られたと発表。三日後の七月十二日、ここにCMEのCBOT買収提案が成立、買収総額は一一〇億ドルに上りました。

CEOのドナフューは合併劇のいきさつについて、CMEグループ名誉会長、リオ・メラメドの著書『先物市場から未来を読む』に一文を寄せて、次のように振り返っています。

「シカゴが先物とオプション市場の世界的な中心となり、またCMEが米国債やコモディティの先物市場を拡充するという意味で、CMEの歴史の大転換点であった。いまやCMEは、小麦、トウモロコシ、大豆、牛、豚の先物・オプション取引に加えてユーロドル短期金利と米国債の先物・オプション取引をグローベックス・システムで提供している。また、CMEとCBOTの統合は、清算、決済、リスク管理の分野で私たちのリーダーシップを大幅に高めることになった。すなわち、これにより、保有担保資産は一千億ドルを超え、七十億ドル相当の資金保全システムを持ち、CMEグループの顧客に対して何百万ドルにものぼる資本や証拠金の節減を果たし、世界最大のデリバティブの清算機構となった」。

さらに、二〇〇七年八月、NYMEXホールディングスが「複数取引所と事業統合の可能性を検討し始めた」ことを明らかにしました。統合によって二億五千万ドルの経費削減効果を見込めるとしたのです。交渉が水面下で進むなか、翌年一月下旬、CMEグループはNYMEXホールディングスと買収に向けた交渉に入ったと公表。現金と株式交換を組み合わせた買収総額が一〇三億ドルになる見通しを示しました。そして、〇八年三月十七日、CMEグループは、エネルギーや貴金属取引のNYMEXを傘下に持つNYMEXホールディングスを買収すると正式発表するに至りました。買収総額はやや下がり、九〇億ドルで決着しました。米司法省の認可を経て、八月十八日に開催されたNYMEXの株主と会員はCMEグループによる買収案を承認。八月二十二日、NYMEXはCMEグループに吸収合併されました。CMEとCBOT、そこにNYMEXが加わったことで、米国内での先物取引の市場占有率が九五％程度まで拡大すると同時に、時価総額で約二百億ドルまで膨らむ巨大取引所に変貌を遂げたのです。

今後、CMEグループの世界戦略でアジア諸国の取引所も買収のターゲットにされることが予想されます。実際、積極果敢なグローバル展開は始まっています。CMEグループは新興国として経済発展の著しい伸びを見せるブラジルのBM&Fボベスパ取引所や、ドバイ・マーカンタイル取引所（DME）の最大株主になっています。

先物市場でも無視できない中国の存在

欧米など世界の商品取引所がこうした大再編の動きに出た背景には、現物市場で影響力を増す中国の存在を無視できなかったとの見方があります。一九九〇年以降、中国の市場参入で資源争奪を巡る世界の勢力地図が大きく塗り替えられました。〇九年末の世界主要企業の株式時価総額で中国石油天然気集団（ペトロチャイナ）が世界一位に躍り出ます。二〇一〇年末時点でペトロチャイナの株式時価総額は二位に後退しましたが、これは中国の金融引き締め懸念で中国株式相場が軟調に推移したことを反映したとされています。また、〇九年の鉄鋼原料の鉄鉱石の輸入は前年比で四割増となり、初めて六億トンを超えました。世界の鉄鉱石輸入の比率でみると、中国だけで三分の二のシェアを占める勢いです。英『メタル・ブリテン』誌がまとめた二〇〇九年の世界の企業別粗鋼生産ランキングでは、〇八年に世界二位だった新日本製鉄が六位に後退する一方、二位に河北鋼鉄集団、三位に宝鋼集団、四位に武漢鋼鉄の中国勢三社がベスト5入りを果たしています。

このように現物市場で資源を鯨飲する中国は、先物市場でもそのプレゼンスを増しつつあります。その一例が、大連商品取引所の穀物取引です。大連での出来高は、穀物取引の本家であるシカゴ市場を凌ぐまで急成長を遂げています。非鉄金属を上場する上海先物取引所は二〇一〇年、世界一の出来高（ボリューム）を記録するほど急成長を遂げています。今後、国際資本取引に関する為替管理の全廃や国内金利規制の自由化、変動相場制への移行など中国金融市場の改革とともに、コーポレート・ガバナンス（企業統治）や外資参入禁止の撤廃など法制・税制面などコモディティ市場の整備が進展すれば、海外からの投機資金流入が加速すると予想されます。あらゆるコモディティ価格の指標になりうるという点で、中国が欧米の商品取引所を凌駕する日もそれほど遠い未来の話ではないかも知れません。

二〇一二年三月初旬、CMEグループ名誉会長のリオ・メラメドら関係者一行が中国を訪問しています。北京で債券・原油先物などの導入を始めとする上場品目の革新を進めること、先物市場を海外に開放するペースを速めるといった要望を金融規制当局に促したそうです。米国の関心はもはや日本になく、中国にシフトした証左と捉えるべきです。

大きく縮小する日本商品市場

世界市場で、特に新興国でのコモディティ・トレーディングが活況を呈するなか、日本の商品先物取引は低迷を続けています。世界の商品取引所の出来高（ボリューム）ランキングの推移でみると、その衰退ぶりは一目瞭然です。先物業界の自主規制団体であるＦＩＡ（米国先物取引業協会：本部ワシントン）が毎年発表する取引所別ランキング（金融商品・オプションを除く）によると、日本の商品先物取引が出来高で最盛期を迎えた二〇〇三年、東京工業品取引所が世界で二位、中部商品取引所（後の中部大阪商品取引所）が八位、東京穀物商品取引所が九位と、ベストテンに三取引所がランクキングされていました。ところが、五年後の〇八年には日本勢では東工取だけが一〇位に入るなど、かろうじて面目を保つことができました。その一方、中国の躍進ぶりが目立ちました。〇八年には二位に大連商品取引所、三位に鄭州商品取引所、六位に上海先物取引所と、ベストテンに三取引所がランクインし、日本とは対照的な結果になります。

二〇〇九年には、中国勢が上位をほぼ独占します。銅やアルミニウムなど非鉄取引が中心の上海先物取引所が一気に一位に躍り出たのです。二位は大連商品取引所、四位に鄭州商品取引所がランクインし、日本勢は東工取の一一位が最高順位でした。また、特徴的だったのは、中国の三取引所のほか、インドのマルチ商品取引所(六位)、インド国立商品デリバティブ取引所(一〇位)のインド勢がベストテン入りを果たしたことです。二〇一〇年は引き続き上海先物取引所が首位をキープ、日本勢は東工取が前年同様一一位にとどまりました。出来高の多寡だけが取引所の実力をすべて反映しているということには繋がりませんが、少なくとも市場での取引が活況を呈しているかどうかの一つのバロメーターになることには相違ありません。

一方、日本はコモディティ市場だけでなく、証券市場でのプレゼンスも低下しつつあります。証券市場でも上海証券取引所や香港証券取引所などアジア勢の躍進が目立っています。実際、二〇一〇年度末に国内の大半の証券会社が加盟する日本証券業協会の会員数が五年ぶりに三百社を割り込みました。インターネットを利用した売買や、コンピュータを駆使した高速売買などで中小証券への打撃は凄まじく、証券淘汰の時代が加速しています。こうした状況下、倉都康行はその著『金融史がわかれば世界がわかる』で、金融市場の現状について次のように警告しています。「東京は国際市場になりえないし、そうなる必要もないという声は金融関係者に意外に多い。(中略)だが、それはインフラという宝の持ち腐れでもあり、資本再配分の効率性の悪さの放置であり、国際通貨体制への適応力の弱体化であり、また中国やインドの台頭という国際的なパワーシフトに対する戦略のなさの露呈でもある。金融力の歴史は、英国の興隆と没落、米国の強大化という過去、EU・米国の二極化への幕開けという現代、そして新興国の台頭する多極化への展望という道筋を辿ろうとしている。そうした文脈のなかで、日本の金融デザインを考えることは重要である」。この指摘は、コモディティ市場にもそのまま当て嵌まるのではないでしょうか。

禅語としての投機

グローバルに展開するビジネスで、企業が価格リスクへの対応を誤れば、大きな損失を生むことに繋がります。それを避けるため、企業は使用する原材料の数量を減らすほか、調達先や仕入れ先との値下げ交渉が必要になってきます。しかし、企業努力だけではもはや十分ではありません。価格転嫁という手法も目先の解決策でしかないとともに、その都度価格を引き上げることは消費者離れを加速し、却って収益悪化に結び付くことになります。世界人口（二〇一一年十月末現在で七〇億人に到達）の増加、新興国での需要増加などで需給逼迫に陥り、長期的にコモディティ価格が高騰を続けることが予測される現在、企業として原材料価格のヘッジ（保険繋ぎ）手段に有効とされる先物市場を活用することも一つの方法です。先物買いで仕入れ価格を固定しようとすれば、下落リスクをともなう危険性を否定できませんが、リスクに対する処方箋を常日頃から意識する心構えも肝要になってくるはずです。先物市場の根本的な意義は、現物所有者がそれを抱えるリスクを軽減するための売り繋ぎの場、言い換えれば、現物需要者がリスクを減らすための買い繋ぎの場でもあるからです。

ヘッジファンドによる投機玉がコモディティ相場を乱高下させているなどと非難され、投機という行為は必ずしもよいイメージになっていません。逆に、悪と見なす人たちのほうが多いかも知れません。面白いことに、もともと投機という語は、禅に関する用語だったようです。禅語としての投機は、人対人の関係に用いられました。田上太秀著『禅語散策』から引用します。

「機の語にはさまざまな意味があり、用法によって意味も異なる。共通しているのは心のはたらき、能力を指す語という点である。心のはたらきの可能性が、なにかのはずみで、たとえば仏の教えに触れることによって作用する。凡夫の心の在り方が仏教の修行に入った心の在り方へと変化する素質が人に本来備わっていると考えられている。それを機という。機にも能力の差があり、教えを聞いて必ずさとりを得るもの、そうでないもの、そしてどちらとも決定しがたいものなどあるので、機といっても教えを聞く人、修行者あるいは弟子という意味にもなる。禅宗では弟子の機と師匠の機とが相投じて冥合《みょうごう》することを投機という。つまり師弟の相互の心のはたらきのやりとり、相手の心と感応道交し、融通し通達しあうことによって心が開き、さとる場合を投機といっている」。

心の働きは千変万化で、形も色もなく捉えどころのないものであり、その心と心との冥合であるとの解釈から、「投機」という語が経済用語に転用されたとしています。

ヘッジファンドは悪の権化なのか

一九九七年七月、タイの通貨バーツ切り下げに端を発したアジア通貨危機は、同年十二月には韓国にまで飛び火しました。韓国政府は国際通貨基金（ＩＭＦ）の管理下で公的資金を投入し、金融機関の不良債権処理に追われました。結果的に、上位三〇財閥の半数以上が破綻・解体に至ります。この急激な資本流出と通貨暴落の局面で悪者扱いされたのがヘッジファンドでした。ヘッジファンドの浴びせ売りに対し、通貨当局が買い支えられず、また、海外からの資金回収の動きが加速するなど外貨準備は底をつき、韓国経済は壊滅的な打撃を受けました。

こうした状況下、韓国国民の危機意識が国家を救うことに一役買います。大手銀行が、金の延べ板から金歯に至るまで個人の保有する金《ゴールド》の供出を呼びかけたところ、全土から二百トン近くの金が集まったのです。これは「愛国運動」と呼ばれていますが、韓国と同じような動きが他のアジア諸国にも波及しました。金の需給データでみると、回収金＝スクラップは通貨危機の発生した「九七年の六二九トンから九八年一〇九八トンへと五百トン近く急増した」（大阪商品取引所版『金市場調査報告書』）とあり、数字上からも裏付けられています。

ヘッジファンドなどの投機資金の過度な流入を抑えるにはどうしたらよいのか――一九九〇年代に米金融当局が対応に乗り出したことがあります。まず、そもそもヘッジファンドの何が問題なのか、です。空売りなどの場面で巨額な投機マネーが一気に入り込んでくるという点に着目しなければなりません。これに関連して大手の金融機関が参入するとともに信用供与までしているのではないか、また、金融機関はヘッジファンドが運用するデリバティブ運用の相手方になっているのではないか、公的な規制を受けないために簡単にヘッジファンド会社を設立できるなどの問題点が次々に指摘されました。

これらの疑問点は九二年三月、下院銀行委員会の金融小委員会で議論されます。こうした指摘に米連邦準備制度理事会（ＦＲＢ）や米証券取引委員会（ＳＥＣ）の幹部は規制強化の必要はないとの見解を相次いで表明しています。九四年あたりから金融機関のリスク・マネージメントに関する検査が厳しくなっていったとされていますが、規制強化が叫ばれる度に、さらに巧みな手法を駆使して運用を続けることで、デリバティブ取引がさらに巨大化していったというイタチごっこの様相を呈しています。

監視強化に乗り出すオバマ政権

二〇〇九年一月、米国では民主党のオバマ政権が誕生します。〇八年の米リーマン・ショックによる金融混乱を受けて、新政府は投機マネーに対する金融やコモディティ市場への監視を強める方針を採用しました。ヘッジファンドや年金基金などを対象に、その運用会社の買い持ち高制限を設けることで投資残高を減らし、価格の乱高下に歯止めをかけようとするのが狙いです。同年八月には規制当局の米国商品先物取引委員会（ＣＦＴＣ）がドイツ銀行系の運用会社など二社に対し、農産物取引での買い持ち高に上限を設けると発表。また、ＣＦＴＣは原油先物市場の監視強化を図るため、英金融サービス機構（ＦＳＡ）と共同で、ニューヨークとロンドン市場での原油先物取引に関する情報交換をすることで合意したことを明らかにしました。二〇一〇年四月には、大統領のバラク・オバマが金融危機の一因とされるデリバティブ取引の規制強化が必要との認識を示し、規制を警戒する金融界との対決姿勢を一層鮮明にしています。

二〇一〇年七月には、米国で大恐慌以来およそ八〇年ぶりになる金融規制改革法案（ドッド・フランク法）が上院と下院で可決、大統領が署名して成立しました。オバマ政権は積極的な規制策に乗り出したと思われましたが、その後の中間選挙での与党民主党の敗北もあり、一年以上が経過した一一年後半時点で、具体的な規制を策定する行程表が金融界のロビイストらの議会工作などの影響で遅々として進展していないのが実情です。デリバティブ取引に関連して銀行本体は原則禁止になっていますが、その詳細が決定されず、結論が持ち越されたままの状態が続いているのです。店頭（OTC）デリバティブ取引の締め出しに、銀行関係者らの水面下での抵抗が激化していると予想されます。今回の改革法では、大規模な金融機関の監督強化策として財務長官を議長とする金融安定監視評議会（FSOC）の創設が計画されています。この評議会が金融システム改革を指揮することになりそうですが、創設実現までにまだまだ予断を許さない状況です。さらに、一一年十月には、CFTCが原油や穀物など二八種類のコモディティを対象に投機規制案を可決、持ち高（ポジション）制限の導入で、過度な投機マネーの流入を阻止しようと躍起になっています。

英国も二〇〇九年七月に金融規制・監督の強化に乗り出しています。特に金融派生商品（デリバティブ）取引に関連して、欧州の銀行が米国の住宅融資関連の高リスク商品を組み込んだデリバティブで多額の損失を抱えた教訓から、再発防止策には複雑なデリバティブ商品の集中決済システムを整備することなどが挙げられます。翌一〇年六月には、FSAの機能の大半を英中央銀行であるイングランド銀行に移管する改革案を発表するなど、規制を強化しています。〇八年のリーマン・ショック以降、金融規制対策に乗り出していた欧州連合（EU）ですが、一一年にギリシャに端を発した欧州債務危機の混乱を契機に規制強化に本腰を入れています。金融市場改革のほか、コモディティ関連のデリバティブ取引については、米国商品先物取引委員会（CFTC）同様に、持ち高（ポジション）制限を導入する方向で検討に入っています。

投機マネー阻止に良薬なし

現在の市場では投機マネーが二十四時間、世界中のマーケットを駆け巡っているのも事実です。投機自体を無視、ないしは批判するだけでは何の解決にもなりません。情報技術（IT）やインターネットなど情報手段の発展も手伝い、今や世界市場は一つに繋がっています。当然のことながら投資家の資金は国境を越えて一番使い勝手のよい市場に集中します。「投機資金の存在は、ともすれば悪者視されがちだが、実際は実需筋と共に価格形成の重要な機能を持っている」（木地広一郎著『穀物メジャーと国際流通支配』）というポイントを外しては、本質を見誤ることに繋がります。

世界経済のグローバル化が進んだ結果、効率のよい運用先を求めてボーダレスに投機資金が投下される時代だからこそ、先物・オプションのメカニズムを理解する必要があるのです。少なくともメカニズムそれ自体を理解しておくことは大切なはずです。それすらも必要ないと否定するのであれば、投機マネーに翻弄される市場で付けられたコモディティ価格をそのまま甘受するしかありません。デリバティブをリスク管理のツールに活用する流れを押しとどめることはできない時代に突入しました。リスクをどう回避するか――先物・オプション、デリバティブ市場を無視することは、大企業だけでなく、原材料高が生活に直接かかわってくる実需関連の中小零細企業者にも死活問題として降りかかってくることを認識すべきです。企業規模の大小にかかわらず、先物市場を「うまく活用する」ことがヘッジ（保険繋ぎ）手段になるはずです。その前提として投資家以外の政府関係者や企業関係者こそが市場研究に時間を費やすべきなのです。

他方、投機バブル熱の再燃を回避するために、商品取引所が取るべき措置が必要と主張する農業エコノミストがいます。ジャン＝イブ・カルファンタンです。実需家がリスク回避目的で行った先物契約の残高状況に対し、投機目的の先物契約を制限するというものです。カルファンタンは、引き受けた契約分の一部を実際に受け渡しをさせることも考えられるとした上で、証拠金やマージンコールの引き上げなども必要との見方を示しています。ただ、「これらの規制措置を世界中の農産物市場において、同時に同条件で施行しなければ、効果は得られないと思われる」（『世界食糧ショック』）と、その実現の可能性に疑問符を付けてもいます。まさに、投機マネーの阻止に良薬なしといったところです。

また、米国の国際食糧政策研究所（ＩＦＰＲＩ）が唱える各国政府による市場介入策のプランがあります。外国為替市場では、円高・ドル安など為替相場が一方向に振れた際に日米などの金融当局が市場介入し、為替相場の過度の動きを牽制することがありますが、言ってみれば「穀物版市場介入」というものです。穀物先物市場で、G8政府と中国など主要新興国の政府からなる同盟が資金を拠出して基金を設立、この基金を市場投入することで投機的な動きを封じ込めようというわけです。IFPRIによると、通常の穀物取引額の五〇%に相当する二百億ドルの基金があれば、効果的な市場介入が可能であると試算しています。なかなかユニークなアイデアですが、実現までには世界全体のコンセンサスづくりが必要で、一筋縄でいかないというのが大方の見方です。この基金に何カ国が参加の意思表示をするかは未知数だけに、実現は極めて困難と言わざるを得ません。

先進国と新興国が同じ土俵で議論を

ニクソク・ショックから四〇年——新自由主義、マネタリズムの標榜は、行き着くところ、高リスクを追求する投機家たちによって金融資本主義を世界に拡散させる役割を演じた格好になり、今や批判の対象になっています。しかし、世界的な市場経済の自由化の流れを押しとどめることはできないでしょう。SWFといった政府系資金（国富ファンド）やヘッジファンドなどの投機資金が市場に流入することで、市場攪乱に繋がるという指摘はその通りなのですが、他方で、自由市場経済から国家が介入する国家資本主義への移行は、資本主義のあるべき姿として歪に変形する危うさを孕んでいます。国家が体制保持をするという目的だけのために市場が利用されるという面もあり得るということです。各国の市場監視強化の取り組みは評価に値するものですが、規制強化の一点張りでは、経済の保護主義、ブロック化の台頭を招くなど、却って経済停滞や混乱をもたらすことになります。市場の規制強化に乗り出した米国ではこの一年、ＷＴＩ原油相場の指標性が低下し、ロンドン市場の北海ブレント原油に取って代わられるのではないかと危惧されているほどです。実際、ＷＴＩ原油価格が北海ブレント価格を大きく下回るなど、その影響が如実に現れています。米国の巻き返しがあるのかが注目されます。

各国の金融政策担当者は、行きすぎた投機行為をより一層監視するとともに、自由市場経済の意義をあらためて問いかけた上で、改革の方針を決めるべきではないでしょうか。先進国の論理だけではなく、新興国や途上国の論理も踏まえないと結果的に効果を期待できる改革にならないからです。中国やインドなど新興勢力からすれば、金融のグローバル化は自由貿易の進展を加速させることに寄与し、保護主義を後退させることにも繋がり、国民の生活向上に結び付くとの考え方が支配的です。そこに自ずと先進国との認識の差にズレが生じているのも事実です。互いの価値観を共有した上で、世界的な規模での市場システムの構築が必要です。双方、同じ土俵で議論すべきなのです。

市場運営の自主性を重視する米国や英国に対し、政府主導の規制強化が必要と唱えるフランスなど先進国間でも温度差が生じています。要は市場を規制で縛るだけでは不十分で、国際協調体制をつくり上げることが必要になります。先物市場の否定、投機マネーの排除は結果的に市場衰退に繋がり、投機規制の抜本的な解決にはならないでしょう。即効薬としては、追加証拠金（追い証）の引き上げが考えられます。先物取引での決済時期は数カ月先になります。取引に参加した委託者は、現物の引き渡しまたは商品の代金支払いを直ちに求められるわけではありません。投資家は値動きの荒い市場の担保として売買約定金額の一割程度を委託証拠金として預託しなければなりません。一方、相場が過度に変動することが予測された場合、商品取引所は委託証拠金のほか、臨時増証拠金の預託を求めます。追い証の引き上げや一斉変更などの措置を世界同時に実施することができるような権限を与える機関を創設し、それを実行可能にさせるシステムづくりが先行されるべきではないでしょうか。世界的な機関で全地球上の取引をチェックできるような透明性の高いネットワーク網をつくらなければ、運用者たちは抜け道探しに躍起になるだけです。とにかく、現状ではまず一国独自の市場チェック体制、さらに地域レベルでの市場チェックの強化、それを世界規模に広げていく取り組みを各国が協調して目指すべきです。これとても実現までの道のりはたやすくありません。世界の市場運営に関するコンセンサスづくりが急務になりますが、これを達成するには各国政治家の強力なリーターシップに期待するしかありません。今こそ、良識と見識を有し、果敢に邁進することができる政治家の登場が世界レベルで急務になっています。

言うまでもなく、各国の政治リーダーたちからすれば「我々は何もしていないわけではない」と異を唱えるかも知れません。いろいろな取り組みに着手していることを否定するつもりはありません。投機マネーの流入によって商品価格が実需を反映せずに乱高下している実態に対し、市場の透明化を促し、投機の抑制に乗り出しています。二〇一一年十月にパリで開催された二〇カ国・地域（G20）財務相・中央銀行総裁会議で、証券監督者国際機構（IOSCO）が提唱した監督・規制指針案が了承されました。この指針は、投資家に対し先物などの取引状況の定期開示を要求するものです。大口取引に上限額を設定し買い増しに制限をかけるなどが骨子になっています。さらに、店頭デリバティブ市場について取引情報を管理する組織の設立も視野に入れています。ただし、そもそもこうした指針は、二〇〇八年七月の主要国首脳会議（洞爺湖サミット）で、首脳たちが市場の透明性向上を求めたものであり、二〇一〇年十一月のG20首脳会議で市場監督・規制の改善案が盛り込まれた経緯があります。洞爺湖サミットから既に四年近くが経過している今、各国当局の取り組みにスピードと、具体的な成果が求められているのです。

「先物」という知的兵器で理論武装を

CMEグループ名誉会長のリオ・メラメドは、先物市場の定義について「自由市場とイノベーションの看板娘である」（可児滋著『金融先物の世界』）と表現しています。私たちは《先物思考》を身につけることがますます必要になります。これは優秀なディーラーやトレーダーを目指せという意味でありません。インターネットなど新しいメディア・ツールの登場で、個人でも世界各地の情報を瞬時に入手可能な時代になりました。そうした情報をもとに時代の潮流を嗅ぎ取る習慣をつけること、そして、地球規模でリスクに晒された時代に生きていることをあらためて認識すべきではないでしょうか。

フューチャーズ（先物）というと、「投機」の面だけがクローズアップされがちですが、「リスク回避」というポイントも見逃せません。現代では、リスクでさえグローバル化しています。先物価格が現物価格とほぼ連動した動きをするという性質を利用し、リスクを避ける手段を講じ、それを最小限に抑えることは不可能ではありません。コモディティとファイナンシャルの「先物」に加え、金融派生商品（デリバティブ）という知的兵器で理論武装することは、単に投資行為の練達に資する運用上のテクニックを磨くだけにとどまらず、ボーダレスに展開される世界経済の動きをより深く洞察する感覚を研ぎ澄ますことになり、リスク分散の意義を自ずと身につける契機にも繋がるはずです。

ヘッジファンドなど投機筋を「我欲の塊」と非難する人たちもいます。金融工学を学んだ人たちが就職先に金融・コモディティ系の企業を選んだことがマスコミなどで話題になったのが、三〇年ほど前でした。米国の金融機関は、大学院で宇宙工学を専攻した米航空宇宙局（ＮＡＳＡ）の研究者たちを次々にスカウトし、彼らの能力を金融市場で応用しようとしました。この間、米国の金融資本主義は全世界に伝播しました。彼らがその先兵として「カジノ資本市場」の担い手になりました。しかし、加速度を増して大きく膨らむ市場の歪みはやがて破綻に帰結します。マーケットは金融工学を操る専門家のための市場に変質していった感は否めません。厄介なことにファンド組成や資金運用の仕組みが複雑になり過ぎて、専門家自らがラビリンス（迷宮）に迷い込み、出口を見いだせない状況に陥ってしまったことです。

一九九八年のＬＴＣＭ（ロング・ターム・キャピタル・マネージメント）破綻、今世紀に入ってからは二〇〇七年のサブプライム・ローン（信用力の低い個人向け住宅ローン）問題、それが引き金になったとされる二〇〇八年秋のリーマン・ブラザーズ証券の倒産劇は、それぞれが別々の次元の事象でなく、すべて一本の線で繋がっていると言えるでしょう。

こうした混乱は、二〇〇七年から〇八年にかけて米国の実体経済に大きな傷跡を残します。企業倒産と大量解雇が連鎖的に波及したのです。住宅ローンを支払えずに〇八年七月—九月期に一三五万戸が差し押さえを受けました。また、同年十一月の米労働省・雇用統計で雇用を喪失した労働者が六〇万近くに及ぶと発表されました。一カ月の減少幅として過去三四年で最悪の数字になっています。その後の株価低迷で企業の資金調達の障害になるとの見方から倒産件数の増加、解雇状況の悪化が続くことになりました。二〇一一年秋に、ニューヨークで始まった抗議活動「ウォール街を占拠せよ」は、文字通り、格差是正を求める若者たちを中心とした人々の悲痛な叫びで、インターネットなどを通じてロサンゼルス、シカゴなど全米各地に広がっています。リスクを避けるという目的から離れ、逆に積極的にリスクをとってまでも大きな利益を生み出したいという極端に肥大化した欲望が、金融工学を学んだエリートたちの暴走を生みだす結果になり、それは米国内だけにとどまらず、世界経済全体を混乱に陥れることになりました。LTCMは、ノーベル経済学賞を受賞したマイロン・ショールズ（専門はコンピュータ・サイエンス）、ロバート・マートン（専門は数学）という二人の名門大学教授が、取締役会に名を連ねるなど各方面から注目されましたが、抜群の運用益を上げるどころか、結局は「破綻」の二文字しか残りませんでした。二人のノーベル賞学者を招き入れたことで「ドリームチームの運用」などと持て囃したマスコミの責任も問われるべきでしょう。

新たなリーマン・ショックを食い止めるためにも、人類は今こそ英知を結集すべきときです。歴史上、天然資源で栄えた国家はいずれ衰退の運命にあるという指摘があります。十五―十六世紀に世界の海に乗り出し、世界の覇権を握ったスペインなどが、その代表例として挙げられます。一方で、資源を持たない国のほうが、資源豊富な国よりも経済成長が上回る、という研究結果も発表されています。戦後の日本はまさにその典型でした。

戦時中、日本の対外政策は軍需物資をいかに確保するかに重点が置かれました。生糸を輸出して原油、屑鉄を輸入するというパターンで、これらのコモディティが戦略物資として扱われました。調達に支障をきたした結末が戦争突入という大きな悲劇でした。また、米ソ冷戦時代にもコモディティは戦略物資としての性格を帯びていました。現在は戦略物資から市況商品へと様変わりしています。日本が世界市場の価格決定権を支配できるようになることは困難です。しかし、政治力や外交力、企業の技術・開発力を強化、発展させられることができれば、国際競争力に打ち克つことは可能です。

そのためには、天下有為の人材育成です。知識偏重ではなく、思考力の強化が必要です。戦略としての「先を読む力」――これは「過去（歴史）を分析する能力」と「現在（現代）の置かれた状況を的確に把握する能力」とを合わせた「未来を予測・予知する能力」、つまり、「先物思考」なのです。さらに加えると、情報収集、分析力が必要になります。インテリジェンス（情報分析）力をつけることも不可欠です。

シカゴ学派を創設した経済学者の一人、フランク・ナイトは経済行為における自由な競争を説いています。その上で「節度がともなう」と強調し、道徳哲学を重要視する考えを示しました。シカゴ学派第二世代とされるミルトン・フリードマンはナイトの弟子筋として頭角を現しましたが、その後の言動からナイトの反感を買い、破門宣告を受けたといいます。フリードマンらが標榜した金融資本主義はいつしかナイトの理論とは大きく乖離するものになりました。金融資本主義は現在、明らかに行き過ぎた感があると言わざるを得ません。しかし、経済が保護主義に逆戻りすることは世界的な軋轢を生みだし、価格決定の過程が不透明になり、絶対的な解決策に繋がりません。ただ、このままマーケットの改善を放置したまま推移すれば、果ては世界経済のカオス（混乱）を引き起こすのは火をみるよりも明らかです。重要なことは、市場ルールの共有と市場のチェック機能を、世界全体が協調して、地球規模でいかにスピーディに展開できるかどうかにかかっています。市場参加者の節度と倫理観が求められています。

二〇一一年七月末、米著名投資家であるジョージ・ソロスが率いるファンドが、同年年末までに顧客からの預かり資産をすべて返還するというニュースが伝えられました。報道によると、返還総額は約一〇億ドル（約七八〇億円）に上るとされ、その理由をヘッジファンドに対する規制強化であるとしています。同じく米著名投資家のカール・アイカーンも同年三月、顧客資産をすべて返還すると公表しました。ヘッジファンド界を牽引してきた二人の巨星の引退は一つの時代の終焉を意味していますが、一方で新たな時代の幕開けとも言えるでしょう。

現物市場におけるコモディティ争奪競争の激化は、今後ますます熾烈になると予測されています。それに加えて、カジノ化した先物市場での価格変動リスクという新たな脅威と対峙する時代を迎えています。本書のタイトルを「コモディティ戦争」としましたが、この意味するところは、現物を巡る争奪戦ばかりではないのです。ヘッジファンドなどの「投機マネーに翻弄される時代」とも言い換えることができます。国際商品相場の乱高下に晒される現在、金融・コモディティ市場の意義そのものが真摯に問われる時代を迎えています。袋小路から脱出するため、この間に生じた市場の歪みをどう修正し、発展させていけるのか、そして、究極的には誰のための、何のための市場価格形成なのか。混沌とした状況の今だからこそ、その原点に戻って考えるべきではないでしょうか。

あとがき

私事で恐縮ですが、日頃の不摂生が祟ってか、二〇〇九年末から二〇一〇年半ばにかけて病期療養で長期休暇をとる羽目に陥りました。社会人生活をスタートしてから、数カ月に及ぶ休暇取得は初めての体験でいささか困惑しましたが、この機会を利用してこれまで国内外で収集したコモディティ関係の文献や資料を読み漁ってみようと一念発起。これが、本書の執筆に取り掛かるきっかけになりました。怪我の功名、否、天の配剤といったところでしょうか。

筆者は大学卒業後、メディア関係の仕事に従事してきましたが、気が付くと、現物・先物を含めたコモディティにかかわる取材に携わるようになって二〇年以上の月日が経過していました。梶山季之著『赤いダイヤ』のイメージが強かったせいもあってか、コモディティ市場については当初、株式や債券、外国為替市場と比較して投機性が強く、成熟度が低いマーケットくらいにしか認識していませんでした。

その意識に変化が生じたのは、一九九〇年代に数年間、先物大国シカゴに駐在し、フューチャーズ（先物）ビジネスの実態を目の当たりにする機会を得て、多くの得難い経験をしたことでした。シカゴの商品取引所などの関係者、金融・商品アナリスト、学識経験者、トレーダーやブローカー、政治家らにインタビューし、活況を呈するシカゴ・マーケットの一端に触れることができたのは、先物ビジネスに対する評価が一八〇度、転回することに繋がりました。そのダイナミックさに圧倒された感がありました。シカゴを拠点にニューヨーク、財務省や農務省、監視機関である米国商品先物取引委員会（CFTC）などが集中するワシントン、中西部に広がるトウモロコシや大豆畑、カントリー・エレベーター（産地穀物倉庫）、ターミナル・エレベーター（集散地穀物倉庫）、シーボード・エレベーター（港頭輸出倉庫）が建ち並ぶミシシッピー川沿いの街々、河口のニューオーリンズ、先物の国際会議「フューチャーズ・エキスポ」が開催されるフロリダ州ボカラトンなど全米各地を取材で飛び回った日々は、今では懐かしい思い出になっています。

筆者は、歴史学者、経済学者といった専門家ではありません。あくまでもジャーナリストとしてこれまで取材で訪れた場所を中心に書き上げました。本書の記述のなかで多くの誤りを犯しているかも知れませんが、すべて筆者の責任であることは言うまでもありません。読者皆様からのご叱正を賜ればと思っています。本書を執筆する過程で、結果的に史実を断片的に切り取っただけにとどまった印象が否めないのは、今後の課題として反省しなければなりません。ただ、敢えて江戸時代の米相場から七〇年代から八〇年代の米国、現在に至る資源争奪戦まで広範囲にわたりカバーした理由は、今後の日本の将来を担う若い世代の読者にコモディティを切り口にした歴史を紹介することで、コモディティに翻弄された時代、それを巡る興亡、コモディティにますます翻弄される現在、何よりも「先物思考」の必要性を認識してほしいとの願いからでした。

筆者が駐在先のシカゴから帰国する際、アグリ・アナリシス社社長のダニエル・マーキー氏と交わした会話が今でも印象に残っています。「先物取引はインテリジェンス戦だ。市場というところには、あらゆる情報が吸い寄せられる。市場が縮小すると、おカネも情報も離れていく。つまり、いずれ国全体が滅びることに繋がりかねないのだ」――筆者は、この言葉を日本市場へのメッセージとして受け取っています。

奇しくも二〇一一年は、ニクソン・ショックから四〇年の節目にあたるとともに、日本国内でもコメ先物取引が実に七二年ぶりに復活を遂げたエポック・メイキングな一年になりました。ニューヨーク先物市場では八月、金価格が一トロイオンス当たり一九〇〇ドルを突破、史上最高値を更新するなど、コモディティ価格の値動きが世界の市場で俄然注目を集めています。「一九七一年」や七〇年代から八〇年代にかけての国際商品市場の動きを検証してみることは、これからのコモディティ市場の在り方を検討する上で、格好の素材になるのではないかと思っています。

最後に、本書の執筆にあたっては数多くの方々から多くのご教示を得ました。評論家の粕谷一希先生、ジャーナリストの先輩である開米潤氏、市民講座『湘南21』代表の鈴木宏氏、以下、名前を列挙させていただくと、丸茂恭子氏、高橋正二氏、島村政典氏、大城知子氏には、事あるごとに叱叱咤激励され、ようやく脱稿まで漕ぎ着けることができました。そして、筆者にシカゴ駐在の機会を提供して下さった経済ルックの木原典社長、エム・ケイ・ニュース社の益永研社長にはこの場を借りてあらためて感謝の意を表したいと思います。

また、本書を世に送り出して下さった藤原書店の藤原良雄社長、筆者の拙ない原稿を何度もチェックしていただいた市川元夫先生、編集作業にかかわる実務に際しては、藤原書店編集部の刈屋琢氏、松本恵実氏に大変お世話になりました。心から感謝し、御礼申し上げる次第です。長々と駄文を書き連ねてきましたが、この辺で筆を擱くことにします。

二〇一二年五月一日

阿部直哉

参考・引用文献一覧

（著者名の五十音順）

芥田知至『知られていない原油価格高騰の謎』技術評論社、二〇〇六年
浅井隆＋戦略経済研究所『食糧パニック』第二海援隊、一九九六年
朝日新聞社『朝日新聞社史（明治編）』、一九九〇年
朝日新聞社『朝日新聞社史（大正昭和戦前編）』、一九九一年
朝日新聞社『朝日新聞社史（資料編）』、一九九五年
荒木信義『円でたどる経済史』丸善ライブラリー、一九九一年
荒畑寒村『荒畑寒村著作集1』平凡社、一九七六年
有沢広巳編『日本産業百年史』日本経済新聞社、一九六六年
飯田賢一『日本人と鉄』有斐閣選書、一九八二年
石井孝『港都横浜の誕生』有隣新書、一九七六年
石川博友『穀物メジャー』岩波新書、一九八一年
石黒正康『石油メガ再編』日刊工業新聞社、二〇〇四年
石橋湛山『湛山回想』岩波文庫、一九八五年
磯部欣三『佐渡金山』中公文庫、一九九二年
井出孫六『秩父困民党群像』新人物往来社、一九七三年
井出孫六『自由自治元年　秩父事件資料・論文と解説』社会思想社、一九八七年
井出孫六『明治民衆史』徳間文庫、一九八八年
伊藤一男『シカゴ日系百年史』シカゴ日系人会、一九八六年
伊藤章治『ジャガイモの世界史』中公新書、二〇〇八年
犬丸義一校訂『職工事情』（上）岩波文庫、一九九八年
ジェフリー・ウィリアムス『ハント兄弟の価格操作事件』柳沢逸司訳、時事通信社、一九九六年
梅棹忠夫『文明の生態史観』中公文庫、一九七四年
江藤隆司『〝トウモロコシ〟から読む世界経済』光文社新書、二〇〇二年
チャールズ・B・エプスタイン編『機関投資家のポートフォリオにおけるマネージド・フューチャーズ』一橋大学・花輪俊哉監修、日本商品ファンド業協

会訳、一九九五年
江夏美千穂『国際資本戦と日本』岩波新書、一九六九年
榎本守恵『北海道の歴史』北海道新聞社、一九八一年
遠藤元男『織物の日本史』ＮＨＫブックス、一九七一年
大石嘉一郎『日本資本主義　百年の歩み――安政の開国から戦後改革まで』東京大学出版会、二〇〇五年
大石慎三郎『徳川吉宗と江戸の改革』講談社学術文庫、一九九五年
大島清『食糧と農業を考える』岩波新書、一九八一年
大杉豊『日録・大杉栄伝』社会評論社、二〇〇九年
太田晴雄『かくて金は蘇える』徳間書店、二〇〇三年
鬼塚英昭『金の値段の裏のウラ』成甲書房、二〇〇七年
岡倉天心『茶の本』宮川寅雄訳・注、講談社文庫、一九七一年
奥村正二『小判・生糸・和鉄』岩波新書、一九七三年
尾崎紅葉『三人妻』岩波文庫、二〇〇三年改版
越智道雄『カリフォルニアの黄金』朝日選書、一九九〇年
落合莞爾『先物経済がわかれば本当の経済が見える』かんき出版、一九九六年
キャロル・オフ『チョコレートの真実』北村陽子訳、英治出版、二〇〇七年
ジミー・カーター『カーター回顧録』（上・下）日高義樹監修、日本放送出版協会、一九八二年
開高健『日本三文オペラ』文藝春秋、一九五九年
梶山武雄『金の経済学』紀伊国屋新書、一九六六年
梶山季之『赤いダイヤ』集英社、一九六二年
桂芳男『幻の総合商社　鈴木商店』社会思想社、一九八九年
加藤秀俊、加太こうじ、岩崎爾郎、後藤総一郎編『明治大正昭和世相史』社会思想社、一九六七年
加瀬正一『国際通貨危機』岩波新書、一九七五年
神木哲男・松浦昭編『近代移行期における経済発展』同文館、一九八七年
神原達『中国の石油と天然ガス』アジア経済研究所、二〇〇二年
可児滋『〝レオ・メラメド〟から学ぶ金融先物の世界』時事通信社、二〇〇九年
亀井幸一郎『純金争奪時代』角川ＳＳＣ新書、二〇一〇年

川勝平太『日本文明と近代西洋』ＮＨＫブックス、一九九一年
ジャン＝イブ・カルファンタン『世界食糧ショック』林昌宏訳、ＮＴＴ出版、二〇〇九年
河村幹夫『ザ・シカゴ・マーケット』東京布井出版、一九八四年
河村幹夫、ロバート・ギブソン・ジャヴィー『商品先物の世界』東洋経済新報社、一九八三年
河村幹夫『物語で読む先物取引』日本経済新聞社、一九九三年
河村幹夫『米国先物市場の研究』東洋経済新報社、二〇〇〇年
河村幹夫監修・甘利重治、山岡博士『石油価格はどう決まるか』時事通信社、二〇〇七年
木地広一郎『穀物メジャーと国際流通支配』教育社、一九七八年
ヘンリー・A・キッシンジャー『外交』（上・下）岡崎久彦監訳、日本経済新聞社、一九九六年
久米邦武編／田中彰校注『特命全権大使　米欧回覧実記』岩波文庫、一九七七年
倉都康行『金融史がわかれば世界がわかる』ちくま新書、二〇〇五年
マイケル・T・クレア『血と油――アメリカの石油獲得戦争』柴田裕之訳、ＮＨＫ出版、二〇〇四年
エドワード・N・クレイペルズ『90年代の石油支配――OPECは復権するか』
松宮丞二訳、三省堂、一九九〇年
慶応義塾大学湘南藤沢キャンパスSFCフォーラム事務局編『新時代の創造』水曜社、二〇〇五年
高坂正堯『現代の国際政治』講談社学術文庫、一九八九年
小松左京『日本アパッチ族』光文社、一九六四年
小島直記『三井物産初代社長』中央公論社、一九八一年
小島直記『人脈水脈』中公文庫、一九八三年
小山文雄『文明のなかの男たち　I・II』白馬書房、一九七四年
スーザン・ゴールデンバーグ『世界の投機市場』（上・下）長谷川慶太郎訳、東洋経済新報社、一九八七年
斎藤高宏編『国際政治不安のなかの食糧貿易』有斐閣選書、一九八三年
坂本藤良『坂本龍馬と海援隊』講談社、一九八六年
佐賀卓雄監修『日本の商品先物市場』同文館、一九九九

二年
鯖田豊之『金（ゴールド）が語る20世紀』中公新書、一九九九年
澤田謙『太平洋資源論』高山書院、一九三九年
トビー・シェリー『石油をめぐる世界紛争地図』酒井泰介訳、東洋経済新報社、二〇〇五年
ジャン・ジグレール『世界の半分が飢えるのはなぜ？――ジグレール教授がわが子に語る飢餓の真実』たかおまゆみ訳・勝俣誠監訳、合同出版、二〇〇三年
司馬遼太郎『俄――浪華遊侠伝』講談社文庫、一九七二年
司馬遼太郎『歴史と小説』集英社文庫、一九七九年
柴田明夫『食糧争奪――日本の食が世界から取り残される日』日本経済新聞出版社、二〇〇七年
柴田明夫『エネルギー争奪戦争』PHP出版、二〇〇七年
柴田明夫『資源インフレ』日本経済新聞社、二〇〇六年
柴田明夫・丸紅経済研究所編『資源を読む』日経文庫、二〇〇九年
柴田明夫『水戦争　水資源争奪の最終戦争が始まった』角川SSC新書、二〇〇七年
島実蔵『大坂堂島米物語』時事通信社、一九九四年
清水正幸『大豆相場の分析ノウハウ』ゼネックス、一九九一年
白崎秀雄『三渓　原富太郎』新潮社、一九八八年
城山三郎『辛酸』中公文庫、一九七六年
城山三郎『鼠』文春文庫、一九七五年
下山晃『世界商品と子供の奴隷』ミネルヴァ書房、二〇〇九年
ソニア・シャー『「石油の呪縛」と人類』岡崎玲子訳、集英社新書、二〇〇七年
ジャック・D・シュワッガー『マーケットの魔術師』日興証券開発運用部訳、日本経済新聞社、一九九二年
ジャック・D・シュワッガー『新マーケットの魔術師』清水昭男訳、同友館、一九九九年
新人物往来社編『歩きたくなる大名と庶民の街道物語』新人物往来社、二〇〇九年
杉原達『越境する民――近代大阪の朝鮮人史研究』新幹社、一九九八年
杉森久英『大風呂敷』毎日新聞社、一九六五年
鈴木直二『米――自由と統制の歴史』日本経済新聞社、

一九七四年
鈴木正武『世界の商品取引所』中央経済社、一九六四年
ハーバート・スタイン『大統領の経済学』土志田征一訳、日本経済新聞社、一九八五年
世界博学倶楽部『日本と世界の実力がわかる資源の本』PHP文庫、二〇〇九年
瀬川幸一『石油がわかれば世界が読める』朝日選書、二〇〇八年
瀬木耿太郎『石油を支配する者』岩波新書、一九八八年
瀬良英介監修『米国大豆の研究』投資日報社、一九八九年
（社）全国商品取引連合会『アメリカの商品取引――その理論と実践』全国商品取引連合会、一九七二年
全国農協中央会編『アメリカ農業の政治力』富民協会、一九八六年
ロバート・ソーベル『ウォール街二百年』安川七郎訳、東洋経済新報社、一九七〇年
高橋五郎『天皇の金塊』学習研究社、二〇〇八年
高橋亀吉、森垣淑『昭和金融恐慌史』講談社学術文庫、一九九三年
高橋亀吉『大正　昭和　財界変動史』（上・中・下）東洋経済新報社、一九五四年
高橋弘『アメリカの先物・オプション市場』東洋経済新報社、一九九二年
高橋弘『米英の商品定期市場』商品取引PRセンター、一九七六年
高橋靖夫『金――新時代への架け橋』総合法令、一九九五年
高橋靖夫『金、復活！――21世紀の米世界戦略とは』廣済堂出版、二〇〇一年
高橋靖夫・奥山忠信『金の魅力　金の魔力』社会評論社、二〇〇二年
高橋康雄『メディアの曙――明治開国期の新聞・出版物語』日本経済新聞社、一九九四年
高谷好一『新世界秩序を求めて――21世紀の生態史観』中公新書、一九九三年
田口卯吉『日本開化小史』岩波文庫、一九三四年
ピーター・ターツァキアン『石油――最後の1バレル』東方雅美／渡部典子訳、英治出版、二〇〇六年
田中圭一『天領佐渡（3）』刀水書房、一九九二年
田中喜男『加賀百万石』教育社、一九八〇年

谷口正次『次に不足するのは銅だ——メタル資源の限界』アスキー新書、二〇〇八年
太宰治全集４『佐渡』筑摩書房、一九七一年
玉城肇『明治時代産業発達史』交詢社出版局、一九六七年
田原総一朗『穀物マフィア戦争』実業之日本社、一九七八年
玉井虎雄『世界の食糧危機』家の光協会、一九七三年
田屋清『原敬　大正八年』日本評論社、一九八七年
茅野信行『アメリカの穀物輸出と穀物メジャーの発展』中央大学出版局、二〇〇四年
エドワード・チャンセラー『バブルの歴史』日経ＢＰ社、二〇〇〇年
沈才彬『検証　中国爆食経済』時事通信社、二〇〇六年
塚田孝編『大阪における都市の発展と構造』山川出版社、二〇〇四年
辻善之助『田沼時代』岩波文庫、一九八〇年
鶴岡真弓『黄金と生命——時間と錬金の人類史』講談社、二〇〇七年
津本陽『生を踏んで恐れず——高橋是清の生涯』幻冬舎、一九九八年
手嶋龍一『スギハラ・ダラー』新潮社、二〇一〇年
東京商工会議所編『渋沢栄一——日本を創った実業人』講談社α文庫、二〇〇八年
土肥鑑高『米の日本史』雄山閣出版、二〇〇一年
富田仁『横浜ふらんす物語』白水社、一九九一年
虎田乕雄『取引所要論』啓文社、一九八〇年
土門剛『コメ開放決断の日』日本経済新聞社、一九九三年
鳥羽欽一郎『エコノミスト高橋亀吉——生涯現役』東洋経済新報社、一九九九
長井実編『自叙益田孝翁伝』中公文庫、一九八九年
中沢市朗『秩父事件探索』新日本出版社、一九八四年
中野明『腕木通信』朝日新聞社、二〇〇三年
中村繁夫『レアメタル・パニック』光文社、二〇〇七年
中村靖彦『ウォーター・ビジネス』岩波新書、二〇〇四年
長澤孝昭『先物ビックバン』東洋経済新報社、一九九九年
長濱利廣・鈴木将之編『図解資源の世界地図』青春出版社、二〇〇八年
中堂幸政『石油と戦争——エネルギー地政学から読む

国際政治』現代書館、二〇〇六年
鍋島高明『市場雑感――商品記者の切抜帳』五台山書房、一九九六年
鍋島高明『相場師と土佐』米穀新聞社、二〇〇七年
鍋島高明『日本相場師列伝』日経ビジネス人文庫、二〇〇六年
リチャード・ニクソン『ニクソン　わが生涯の戦い』福島正光訳、文藝春秋、一九九一年
リチャード・ニクソン『リアル・ウォー――第三次世界大戦は始まっている』國弘正雄訳、文藝春秋、一九八四年
日本エネルギー経済研究所編『戦後エネルギー産業史』東洋経済新報社、一九八六年
日本経済新聞社編『商品取引入門』日経文庫、二〇〇五年
日本国際政治学会／太平洋戦争原因研究部編『太平洋戦争への道』朝日新聞社、一九六三年
日本経済新聞社編『中国　世界の「工場」から「市場」へ』日経ビジネス人文庫、二〇〇二年
日本経済新聞社編『先物王国シカゴ』日本経済新聞社、一九八三年
野添憲治『企業の戦争責任』社会評論社、二〇〇九年
萩原進『炎の生糸商――中居屋重兵衛』有隣新書、一九七八年
エリザ・バジョット『ロンバード街』宇野弘蔵訳、岩波文庫、一九四一年
長谷川慶太郎『金の時代　金の世界』ダイヤモンド社、一九九一年
服部之総・入交好脩監修『近代日本人物経済史』（上）（下）日本経済史研究会編、一九五五年
服部之総『黒船前後・志士と経済　他16篇』岩波文庫、一九八一年
馬場崇『アメリカの石油戦略と安全保障』教育社、一九七九年
浜田和幸『石油の支配者』文春新書、二〇〇八年
浜田和幸『ウォーター・マネー「水資源大国」日本の逆襲』光文社ペーパーバックス、二〇〇八年
浜田和幸『食糧争奪戦争』学研新書、二〇〇九年
モード・バーロウ『ウォーター・ビジネス』佐久間智子訳、作品社、二〇〇八年
モード・バーロウ／トニー・クラーク『「水」戦争の世紀』鈴木主税訳、集英社新書、二〇〇三年
ピーター・バーンスタイン『ゴールド――金と人間の文明史』鈴木主税訳、日本経済新聞社、二〇〇一

年
日高義樹『米中石油戦争がはじまった』PHP研究所、二〇〇六年
広瀬隆『アメリカの経済支配者たち』集英社新書、一九九九年
広瀬隆『世界金融戦争』NHK出版、二〇〇二年
広瀬隆『世界石油戦争』NHK出版、二〇〇二年
ジェラルド・R・フォード『フォード回顧録』関西テレビ放送編、サンケイ出版、一九七九年
福田和也『日本の近代』（上・下）新潮新書、二〇〇八年
藤林伸治『ドキュメント　群馬事件』現代史出版会、一九七九年
藤和彦『石油神話――時代は天然ガスへ』文藝春秋、二〇〇一年
藤和彦『石油を読む――地政学的発想を超えて』日経文庫、二〇〇五年
細井和喜蔵『女工哀史』岩波文庫、一九五四年
スティーブン・ペレティエ『陰謀国家アメリカの石油戦争』荒井雅子訳、ビジネス社、二〇〇六年
エドワード・ヘンダーソン『石油を求めて』三田村秀人訳、サイマル出版会、一九九三年
ジャン＝ピエール・ボリス『コーヒー、カカオ、コメ、綿花、コショウの暗黒物語』林昌宏訳、作品社、二〇〇五年
ポール・ボルカー、行天豊雄『富の興亡』江澤雄一監訳、東洋経済新報社、一九九二年
リンダ・マクウェイグ『ピーク・オイル――石油争乱と21世紀経済の行方』益岡賢訳、作品社、二〇〇五年
松下芳男『暴動鎮圧史』柏書房、一九七七年
松浦龍雄『新時代の商品先物取引のすべて』東洋経済新報社、一九九一年
松浦龍雄、木原大輔、高岡康行『変貌する商品先物取引――米相場からデリバティブまで』東洋経済新報社、一九九五年
皆川弘之『粗糖、精糖の研究』投資日報社、一九九〇年
エドワード・ミラー『日本経済を殲滅せよ』金子宣子訳、新潮社、二〇一〇年
マートン・ミラー『デリバティブとは何か』斎藤治彦訳、東洋経済新報社、二〇〇一年
村上隆『金・銀・銅の日本史』岩波新書、二〇〇七年
レオ・メラメド『先物市場から未来を読む』可児滋訳、

日本経済新聞出版社、二〇一〇年（筆者注：本書では表記を「リオ・メラメド」に統一しています）
三宅義夫『金――現代の経済における役割』岩波新書、一九六八年
宮本又次『豪商列伝』講談社学術文庫、二〇〇三年
ダン・モーガン『巨大穀物商社』NHK食糧問題取材班監訳、喜多迅鷹・喜多元子訳、日本放送出版協会、一九八〇年
茂木源人『石油ビジネスのしくみ』日本能率協会マネジメントセンター、二〇〇六年
レナード・モズレー『オイル・パワー』高田正純訳、ハヤカワ文庫、一九七九年
本村眞澄『石油大国ロシアの復活』アジア経済研究所、二〇〇五年
森路英雄『米ソ穀物戦略』サイマル出版会、一九八二年
山口徹『日本近世商業史の研究』東京大学出版会、一九九一年
山下真一『オイル・ジレンマ』日本経済新聞出版社、二〇〇七年
山本茂実『あゝ野麦峠――ある製糸工女哀史』朝日文庫、一九八六年
山本紀夫『ジャガイモのきた道――文明・飢饉・戦争』岩波新書、二〇〇八年
山本有三『貴金属の実際知識』東洋経済新報社、一九七〇年
梁石日『夜を賭けて』NHK出版、一九九四年
横浜開港資料館編『よこはま人物伝――歴史を彩った50人』神奈川新聞社かなしん出版、一九九五年
フランソワ・ラファルグ『米中激突』藤野邦夫訳、作品社、二〇〇八年
吉村昭『赤い人』筑摩書房、一九七七年
歴史学研究会編『日本史年表　増補版』岩波書店、一九九三年
ジム・ロジャーズ『大投資家ジム・ロジャーズが語る商品の時代』林康史／望月衛訳、日本経済新聞社、二〇〇五年
ポール・ロバーツ『石油の終焉』久保恵美子訳、光文社、二〇〇五年
渡部行『プラチナの魅力』日本工業新聞社、一九八五年
その他、日本経済新聞、朝日新聞、読売新聞（日付は文中で記載）

（外国文献）

Stephen E. Ambrose, *NIXSON RUIN AND RECOVERY 1973-1990*, SIMON & SCHUSTER, 1991

George Angel, *WINNING in the FUTURES MARKET*, PROBUS PUBLISHING COMPANY, 1979

Lou Cannon, *President Reagan: the role of a lifetime*, Simon & Schuster, 1991

Robert. A. Caro, *The years of Lyndon Johnson*, ALFRED A. KNOPF, 1990

Francis X. Dealy Jr, *THE POWER And THE MONEY*, A Birch Lane Press Book, 1993

Mark Douglas, *THE DISCIPLINED TRADER*, New York Institute of Finance, 1990

Nancy Dunnan / Jay J. Pack,*MARKET MOVERS*, Warner Books, Inc, 1993

William R. Gallacher, *WINNER TAKE ALL*, PROBUS PUBLISHING COMPANY, 1994

David Haiberstam, *The Fifties*, Willard Books, 1993

David Halberstam, *THE POWERS THAT BE*, ALFRED A KNOPF, 1979

Hamilton Jordan, *Crisis*, A BERKLEY BOOK, 1982

Michael Kilian / Connie Fletcher / F. Richard Ciccone, *WHO RUNS CHICAGO?*, St. Martin's Press, Inc, 1979

Carl F. Luft, *UNDERSTANDING AND TRADING FUTURES*, PROBUS PUBLISHING COMPANY, 1991

Martin Mayer, *MARKETS*, The Haddon Craftsmen, Inc, 1988

Leo Melamed, *LEO MELAMED on the MARKETS*, JOHN WILEY & SONS, INC, 1993

Richard Nixon, *SEIZE THE MOMENT*, Simon & Schuster, 1992

Wayne G Broehl, Jr., *Cargill*, DARTMOUTH COLLEGE, 1992

Carl C. Peters, *MANAGED FUTURES*, PROBUS PUBLISHING COMPANY, 1992

Judy Shelton, *Money Meltdown*, THE FREE PRESS, 1994

Hendrick Smith, *THE POWER GAME*, RANDOM HOUSE, 1988

Bob Tamarkin, *The MERC*, HarperCollins Publishers, 1993

Bob Tamarkin, *The New Gatsbys*, William Morrow & Company, Inc, 1985

〈附〉コモディティ関係略年表（1969-2011）

＊『東京穀物商品取引所四十年史』『東京工業品取引所二〇年の歩み』『日本経済新聞縮刷版』などを参考に筆者がまとめました。

年号	コモディティ・取引所関連	世界の動き
一九六九	1月20日、共和党のリチャード・ニクソン、第三十七代米大統領に就任	
一九七〇		
一九七一	8月15日、ニクソン・ショック（ドルとの金交換停止）	10月25日、中国の国連加盟を決定
一九七二	5月16日、CME、英ポンド、日本円など七通貨の先物取引開始 7月5日、穀物奪取事件が発覚（ソ連が秘密裏に米国産穀物を購入）	2月21日、ニクソン大統領訪中、毛沢東主席・周恩来首相と会談 5月22日、ニクソン大統領、ソ連を訪問 6月17日、米国でウォーターゲート事件発覚 11月7日、ニクソン大統領が再選
一九七三	6月5日、シカゴ大豆が史上最高値―一二・九〇ドル。27日、ニクソン大統領が大豆輸出規制を発動―三カ月間 10月6日、第一次石油危機（第四次中東戦争）、OPECが原油値上げへ 11月13日、英米など七カ国、金二重制協定を廃止（金廃貨）。 11月7日　ニクソン政権、エネルギー政策「自主独立計画」を提起 12月23日　石油輸出国機構（OPEC）、翌年1月から原油価格を二倍に引き上げと発表	1月21日、ベトナム和平協定調印、28日に停戦 10月6日、第四次中東戦争（オイル・ショック）

一九七四	10月23日　米商品先物取引委員会（CFTC）法公布（七五年4月21日施行） 11月15日　国際エネルギー機関（IEA）創設 12月31日　ニューヨークCOMEXで金先物を上場	8月9日、ニクソン大統領が辞任、次期大統領にフォード副大統領が昇格 11月4日、中間選挙で共和党が大敗
一九七五	1月1日　米国、四十一年ぶりに国内金取引を自由化 8月11日　フォード大統領、対ソ穀物禁輸（新規成約停止） 10月20日、米ソ長期穀物協定を締結（七六年10月から五カ年適用）。CBOT、政府住宅抵当証券（GNMA）上場	4月30日、サイゴン陥落、ベトナム戦争終結
一九七六	3月5日、英ポンド暴落、史上初の二ドル割れ	
一九七七	2月2日、カーター大統領、天然ガス緊急法に署名 4月18日、カーター大統領、エネルギー問題で国民に演説 5月9日、香港商品取引所が開所 8月4日、米エネルギー省設置	1月20日、民主党のジミー・カーター、第三十九代米大統領に就任
一九七八	4月1日、IMF新協定発効、日本も金地金輸出自由化へ 10月2日、ロンドン金属取引所（LME）、アルミ地金上場。15日、米議会、エネルギーに関する一括提案を可決 11月19日、シドニー先物取引所（SFE）、金上場	12月15日、米国と中国の国交正常化を公表
一九七九	2月、OPEC、原油価格引き上げ（第二次石油危機） 4月23日、LME、ニッケル上場 6月25日、CBOT、T‐ノート（米中期国債）先物上場 7月15日、カーター大統領、エネルギー問題と国家目標で国民向け演説	1月1日、米中国交樹立 2月11日、イラン革命勃発 5月4日、英でサッチャー政権発足 6月18日、米ソ首脳会談、SALTⅡ協定に調印 12月24日、ソ連がアフガニスタン侵攻

一九八〇	1月4日、カーター大統領、対ソ経済制裁（穀物禁輸）を発動。9日、シカゴ穀物相場が暴落—対ソ輸出削減で 4月2日、カーター政権、石油産業の臨時収益に課税承認 5月19日、セント・ヘレンズ火山の爆発、穀物相場に影響大 8月19日、香港商品取引所、金取引を開始	4月7日、カーター大統領、イラン制裁を発表、イランと国交断絶 9月9日、イラン・イラク戦争開始
一九八一	4月24日、レーガン大統領、対ソ穀物禁輸を解除 10月29日、OPEC、基準原油価格を一バレル三四ドルに統一	1月20日、共和党のロナルド・レーガン、第四十代米大統領に就任
一九八二	3月23日、東京金取引所が開所、金先物取引を開始 10月4日、CBOT、T-ボンド（米長期債）先物の取引開始	4月2日、英国とアルゼンチン間でフォークランド紛争が始まる
一九八三	3月30日、NYMEX、WTI原油を新規上場 8月25日、米ソ穀物交渉で新協定を調印—ソ連の輸入枠拡大へ	10月25日、米国、グレナダ侵攻
	11月21日、ロンドン国際石油取引所（IPE）、原油を上場	
一九八四	7月23日、CBOT、アメリカン証取株価指数を上場 11月1日、東京繊維・ゴム・金の三取引所が合併、東京工業品取引所へ	11月6日、レーガンが大統領再選
一九八五	10月19日、東京証券取引所で債券先物取引が開始	4月1日、民営化で日本電信電話（NTT）、日本たばこ産業（JT）発足 9月22日、プラザ合意でドル高是正へ

一九八六	8月20日、東京外為市場で戦後最高値を記録、一ドル＝一五二円五三銭	4月26日、ソ連、チェルノブイリ原発事故 10月27日、ロンドンで証券手数料自由化など「ビッグバン」がスタート
一九八七	7月13日、ロンドンLIFFEが日本国債先物の取引開始	2月9日、NTT株上場 4月1日、国鉄分割民営化、JRグループ発足 10月19日、ブラック・マンデー──世界の株価が暴落
一九八八	2月、先物業協会（FIA）日本支部が発足	8月20日、イラン・イラク戦争が終結
一九八九	2月22日、SIMEXがアジア初の石油先物取引開始	1月7日、昭和天皇崩御、「平成」と改元 6月4日、中国、天安門事件──民主化要求を武力弾圧 12月2日、米ソ首脳、マルタ会談──冷戦終結宣言。
		29日、日経平均株価が最高値──三万八九一五円八七銭
一九九〇	1月31日、東京金の取組高がニューヨークのCOMEXを抜く 12月29日、改正商品取引所法が施行（日本）	3月16日、ソ連初の大統領にゴルバチョフが就任 8月2日、イラクがクウェートに侵攻 10月3日、東西ドイツが統一
一九九一	2月1日、東京金融先物取引所　システム取引開始	1月17日、湾岸戦争が勃発、2月に終結 6月12日、ロシア大統領にエリツィンが就任 12月26日、ソビエト連邦が消滅
一九九二	4月20日、日本で商品ファンド法施行 6月25日、二十四時間電子取引システム「グローベックス」が稼働	11月3日、米大統領選挙、民主党のビル・クリントンが当選

一九九三	8月25日、中国初の総合先物取引所、北京商品先物取引所が誕生 10月1日、東穀取と東京砂糖取が合併、東京穀物商品取引所へ。大阪、神戸の三取引所が合併、関西農産商品取引所へ	1月20日、クリントン、米大統領に就任 3月27日、中国国家主席に江沢民が就任 11月1日、欧州連合条約が発効、EUへ
一九九四	1月31日、関門商品取引所、韓国の先物去来協議会と相互協力で合意 8月3日、ニューヨークのNYMEXがCOMEXを合併	3月7日、日本政府、国産米単品販売を禁止
一九九五	4月1日、東京穀物商品取引所と北海道穀物商品取引所が合併 9月26日、大和銀行ニューヨーク支店で米国債投資による巨額損失事件が発覚	1月1日、世界貿易機構（WTO）が発足
一九九六	6月14日、住友商事の銅不正取引が発覚、国際銅相場が暴落 9月16日、LIFFEがロンドン商品取引所（LCE）を吸収合併 10月1日、名古屋繊維・穀物砂糖・豊橋乾繭が合併、中部商品取引所へ	6月1日、新食糧法でコメの販売自由化
一九九七	4月1日、関西農産商品・神戸生糸が合併、関西商品取引所へ 10月1日、大阪繊維と神戸ゴムが合併、大阪商品取引所へ	7月2日、タイ・バーツ暴落、アジア通貨危機 11月、三洋証券（3日）、北海道拓殖銀行（17日）、山一証券（24日）、徳陽シティ銀行（26日）が相次ぎ破綻へ 12月11日、地球温暖化防止京都会議、京都議定書採択

一九九八	6月1日、フランス四取引所が統合、パリ・ボースＳＡが発足。5日、日本で金融システム改革法案が成立、22日に金融庁設立 9月2日、大手ヘッジファンドＬＴＣＭ、経営危機表面化 10月1日、横浜生糸・前橋乾繭が合併、横浜商品取引所が発足 11月10日、カーギルがコンチネンタル・グレインの穀物部門買収を発表	6月5日、日本で金融システム改革法案が成立、22日に金融庁設立 10月23日、日本長期信用銀行が破綻 12月12日、日本債券信用銀行が破綻
一九九九	7月5日、東京工業品取引所、ガソリン・灯油を試験上場 8月5日、ＬＩＦＦＥとＣＭＥが電子取引システムなどで提携を発表 12月1日、ＳＩＭＥＸとＳＥＳが合併、シンガポール取引所（ＳＧＸ）へ	1月1日、欧州連合（ＥＵ）、統一通貨ユーロ導入へ 3月3日、日本銀行がゼロ金利政策を開始
二〇〇〇	3月20日、仏、蘭、ベルギーの三証取合併発表、ユーロネクストへ 8月27日、ＣＢＯＴとＥＵＲＥＸ、電子取引システムを統合 9月14日、ＬＭＥが翌年1月からの株式会社化を決定 11月15日、ＣＭＥが株式会社化	3月27日、ロシア大統領にプーチンが就任
二〇〇一	4月30日、ＩＰＥホールディングス、ＩＣＥの買収提案受け入れ発表 5月1日、関門商取、福岡市に移転、福岡商品取引所に名称変更 9月10日、東京工業品取引所、中東産原油を試験上場 10月29日、ユーロネクスト、ＬＩＦＦＥ買収で合意	1月6日、日本の中央省庁、一府二十二省に再編 9月11日、米国で同時多発テロが発生 10月7日、米英軍、アフガニスタン空爆開始

	11月1日、東京証券取引所が株式会社化。28日、中国初の金取引所、上海黄金交易所が開設	
二〇〇二	4月3日、東工取、SGXと中東産原油で提携調印 11月12日、SGX、中東産原油先物取引を開始	1月1日、欧州十二カ国でユーロ貨幣流通開始
二〇〇三	3月11日、日経平均株価、二一年ぶりに八〇〇〇円割れ 12月、シカゴ気候取引所で二酸化炭素排出権取引が開始	3月20日、米英軍、イラク攻撃開始（5月1日、大規模戦闘終結宣言）
二〇〇四	3月17日、NYMEX、ドバイの投資機関とドバイ取引所設立に着手 4月1日、東京金融先物取引所が株式会社化 5月28日、タイ農業商品先物取引所が開設	9月19日、胡錦濤が中国の国家主席へ
二〇〇五	10月11日、中部商取、鉄スクラップ先物取引を開始。19日、CBOTがニューヨーク証券取引所に株式上場 12月9日、東穀取がコメ上場申請、16日に関西商取も	2月16日、京都議定書が発効
二〇〇六	4月1日、東穀取、横浜商取を吸収合併 10月17日、CMEとCBOTが合併発表 12月1日、関西商取、福岡商取が合併、関西商品取引所へ	2月、中国、外貨準備高で日本を抜いて世界一へ―八五三七億ドル 11月、景気拡大五十八カ月目、いざなぎ景気抜き戦後最長へ
二〇〇七	1月1日、中部商取、大阪商取が合併、中部大阪商品取引所へ 3月15日、ICEがCBOT買収提案を公表 6月23日、ICE、ウィニペグ商取買収を発表 7月9日、CME、CBOTが株主投票で統合承認 9月30日、日本、金融商品取引法施行	8月、サブプライム・ローン問題が表面化

二〇〇八	年初から国際商品相場が軒並み高騰。3月、ニューヨーク金が一オンス一〇〇〇ドル突破、最高値。5月、ばら積み船運賃、バルチック海運指数が最高値。タイ産米の輸出価格が最高値、一トン一〇〇〇ドル超。6月、シカゴ・トウモロコシが最高値、一ブッシェル七・五六ドル。7月、シカゴ大豆が最高値、一ブッシェル一六・六三ドル。ニューヨーク原油が最高値、一バレル一四七・二七ドル。ロンドン金属取引所（LME）で銅、アルミがともに最高値。鉄スクラップが史上最高値、一トン七万円近辺まで上昇。CRB商品指数、過去最高の四七三・五二ポイント 3月17日、NYMEXがCMEグループの傘下へ 12月1日、東京工業品取引所、株式会社に移行	7月15日、全漁連など漁業十七団体の漁船二十万隻が一斉休漁—燃料高で 9月15日、リーマン・ブラザーズ証券が経営破綻—世界経済危機へ
二〇〇九	9月30日、東京穀物商品取引所、生糸上場廃止—一一五年の歴史に幕	9月、衆院選で民主党が圧勝、政権交代へ—16日、鳩山由紀夫内閣が発足
二〇一〇	12月、LME銅、NY金、NY原油、NY綿花がいずれも最高値更新	7月21日、米国で金融規制改革法案が成立—大恐慌以来八十年ぶりの改革
二〇一一	1月31日、中部大阪商品取引所が解散、六〇年の歴史に幕 2月9日、NYSEユーロネクスト、ドイツ取引所と合併協議を発表 5月18日、香港商品取引所(HKMEX)、金先物取引開始 7月末、ジョージ・ソロス運営のファンドが年末までに資産返還と報道 8月8日、東穀取、関西商品取引所でコメ上場—七十二年ぶりに復活。15日、ニクソン・ショックから四十年。22日、ニューヨーク金が最高値更新（一九一七・九ドル）	1月14日、チュニジアのベンアリ政権が崩壊 2月11日、エジプトのムバラク政権が崩壊 3月11日、東日本大震災、12日、福島第一原発事故 8月5日、S&P、米国債の格付けをダブルAプラスに格下げ 10月20日、リビアのカダフィ大佐が殺害される。31日、対ドルで円が戦後最高値を更新（一ドル＝七五円三二銭）

著者紹介

阿部直哉（あべ・なおや）

1960年，東京・築地生まれ。慶應義塾大学卒。ジャーナリスト。90年代に米国シカゴに駐在，フューチャーズ・トリビューン紙記者として金融・コモディティ市場関連の取材活動に従事。その後，ニューヨークの通信社ブルームバーグ・ニュースの記者・エディターを経て，2010年9月から明治大学大学院・都市ガバナンス研究所研究員（チャールズ・A・ビーアドを研究）。

訳書にチャールズ・A・ビーアド著『ルーズベルトの責任——日米戦争はなぜ始まったか（上・下）』（共訳・藤原書店）がある。

コモディティ戦争《せんそう》——ニクソン・ショックから40年《ねん》

2012年5月30日　初版第1刷発行©

著　者　阿　部　直　哉

発行者　藤　原　良　雄

発行所　株式会社　藤　原　書　店

〒162-0041　東京都新宿区早稲田鶴巻町523

電　話　03（5272）0301

FAX　03（5272）0450

振　替　00160‐4‐17013

info@fujiwara-shoten.co.jp

印刷・製本　中央精版印刷

落丁本・乱丁本はお取替えいたします

定価はカバーに表示してあります

Printed in Japan

ISBN978-4-89434-858-5

日本経済改革の羅針盤

五つの資本主義

〈グローバリズム時代における社会経済システムの多様性〉

B・アマーブル
山田鋭夫・原田裕治ほか訳

市場ベース型、アジア型、大陸欧州型、社会民主主義型、地中海型――五つの資本主義モデルを、制度理論を背景とする緻密な分類、実証をふまえた類型化で、説得的に提示する。

A5上製　三六八頁　**四八〇〇円**
（二〇〇五年九月刊）◇978-4-89434-474-7

THE DIVERSITY OF MODERN CAPITALISM　Bruno AMABLE

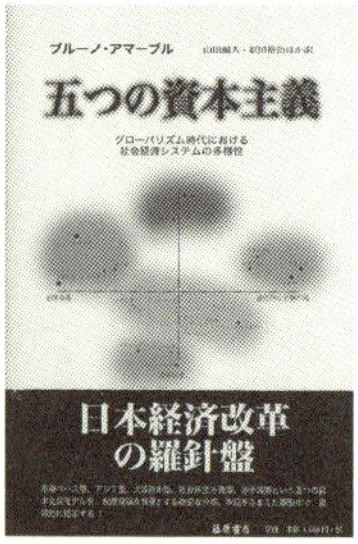

経済史方法論の一大パラダイム転換

世界経済史の方法と展開

〈経済史の新しいパラダイム（一八二〇―一九一四年）〉

入江節次郎

一国経済史観を根本的に克服し、真の世界経済史を構築する〝方法〟を、積年の研鑽の成果として初めて呈示。十九世紀から第一次世界大戦に至る約百年の分析を通じ経済史学を塗り替える野心的労作。

A5上製　二八〇頁　**四二〇〇円**
（二〇〇二年二月刊）◇978-4-89434-273-6

生きた全体像に迫る初の包括的評伝

ケインズの闘い

〈哲学・政治・経済学・芸術〉

G・ドスタレール
鍋島直樹・小峯敦監訳

単なる業績の羅列ではなく、同時代の哲学・政治・経済学・芸術の文脈のなかで、支配的潮流といかに格闘したかを描く。ネオリベラリズムが席巻する今、「リベラリズム」の真のあり方を追究したケインズの意味を問う。

A5上製　七〇四頁　**五六〇〇円**
（二〇〇八年九月刊）◇978-4-89434-645-1

KEYNES AND HIS BATTLES　Gilles DOSTALER

世界の「いま」

大転換《パラダイム・シフト》

〈世界を読み解く〉

榊原英資

サブプライム問題、原油高騰として現実化した世界の混乱。国際金融に通暁しつつも、金融分野に留まらない幅広い視野から、金融の過剰な肥大化と経済の混乱にいち早く警鐘を鳴らしてきた〝ミスター円〟。ニュースや株価だけでは見えない、いま生じつつある世界の大転換の本質に迫る！

対談＝山折哲雄＋榊原英資

四六上製　二八八頁　**一九〇〇円**
（二〇〇八年六月刊）◇978-4-89434-634-5

「大東亜共栄圏」の教訓から何を学ぶか?

脱デフレの歴史分析

〈「政策レジーム」転換でたどる近代日本〉

安達誠司

明治維新から第二次世界大戦まで、経済・外交における失政の連続により戦争への道に追い込まれ、国家の崩壊を招いた日本の軌跡を綿密に分析、「平成大停滞」以降に向けた指針を鮮やかに呈示した野心作。

第1回「河上肇賞」本賞受賞

四六上製　三二〇頁　三六〇〇円
（二〇〇六年五月刊）
◇978-4-89434-516-4

「武士道」から「商人道」へ

商人道ノスヽメ

松尾匡

グローバル化、市場主義の渦中で、〝道徳〟を見失った現代日本を復活させるのは、本当に「武士道」なのか? 日本の「外」との接触が不可避の今、他者への信用に基づき、自他共にとっての利益を実現する、開かれた個人主義=〈商人道〉のすすめ。全ビジネスマン必読の一冊。

第3回「河上肇賞」奨励賞受賞

四六上製　二八八頁　二四〇〇円
（二〇〇九年六月刊）
◇978-4-89434-693-2

なぜデフレ不況の底から浮上できないのか?

日本の「失われた二〇年」

〈デフレを超える経済政策に向けて〉

片岡剛士

バブル崩壊以後一九九〇年代から続く長期停滞の延長上に現在の日本経済の低迷の真因を見出し、世界金融危機以後の日本の針路を明快に提示する野心作。

第4回「河上肇賞」本賞受賞
第2回政策分析ネットワーク シンクタンク賞受賞

四六上製　四一六頁　四六〇〇円
（二〇一〇年二月刊）
◇978-4-89434-729-8

「デフレ病」が日本を根元から蝕む

日本建替論

〈100兆円の余剰資金を動員せよ!〉

麻木久仁子・田村秀男・田中秀臣

長期のデフレのみならず、東日本大震災、世界的な金融不安など、日本が内外の危機にさらされる今、「増税主義」「デフレ主義」を正面から批判し、大胆な金融政策の速やかな実施と、日本が抱える余剰資金百兆円の動員による、雇用対策、社会資本の再整備に重点を置いた経済政策を提起する。

四六並製　二八八頁　一六〇〇円
（二〇一二年二月刊）
◇978-4-89434-843-1

「後藤新平の全仕事」を網羅！

『〈決定版〉正伝 後藤新平』別巻

後藤新平大全

御厨貴編

巻頭言 鶴見俊輔
序 御厨 貴
1 後藤新平の全仕事〈小史／全仕事〉
2 後藤新平年譜 1850-2007
3 後藤新平の全著作・関連文献一覧
4 主要関連人物紹介
5 『正伝 後藤新平』全人名索引
6 地図
7 資料

A5上製 二八八頁 **四八〇〇円**
（二〇〇七年六月刊）
◇978-4-89434-575-1

後藤新平の〝仕事〟の全て

後藤新平の「仕事」

藤原書店編集部編

郵便ポストはなぜ赤い？　新幹線の生みの親は誰？　環七、環八の道路は誰が引いた？　日本人女性の寿命を延ばしたのは誰？——公衆衛生、鉄道、郵便、放送、都市計画などの内政から、国境を越える発想に基づく外交政策まで「自治」と「公共」に裏付けられたその業績を明快に示す！

写真多数［附］小伝 後藤新平
A5並製 二〇八頁 **一八〇〇円**
（二〇〇七年五月刊）
◇978-4-89434-572-0

今、なぜ後藤新平か？

時代の先覚者・後藤新平

〈1857-1929〉

御厨貴編

その業績と人脈の全体像を、四十人の気鋭の執筆者が解き明かす。

鶴見俊輔＋青山佾＋粕谷一希＋御厨貴／鶴見和子／苅部直／中見立夫／原田勝正／新村拓／笠原英彦／小林道彦／角本良平／佐藤卓己／鎌田慧／佐野眞一／川田稔／五百旗頭薫／中島純 他

A5並製 三〇四頁 **三二〇〇円**
（二〇〇四年一〇月刊）
◇978-4-89434-407-5

「戦後の世界史を修正」する名著

ルーズベルトの責任 (上)(下)

〈日米戦争はなぜ始まったか〉

Ch・A・ビーアド

開米潤監訳　阿部直哉・丸茂恭子＝訳

ルーズベルトが、非戦を唱えながらも日本を対米開戦に追い込む過程を暴く。

(上)序＝D・F・ヴァクツ　(下)跋＝粕谷一希

A5上製
(上)四三二頁 **四二〇〇円**（二〇一一年一二月刊）
(下)四四八頁 **四二〇〇円**（二〇一二年一月刊）
(上)◇978-4-89434-835-6
(下)◇978-4-89434-837-0

PRESIDENT ROOSEVELT AND THE COMING OF THE WAR, 1941: APPEARANCES AND REALITIES
Charles A. Beard

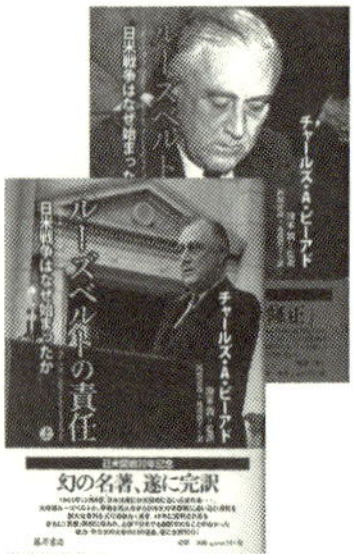